Mon Premier Larousse de la nature

ILLUSTRATIONS

Laura **Bour**
Marc **Boutavant**
Virginie **Desmoulins**
Vincent **Desplanche**
Christian **Heinrich**
Jean **Chevalier**
Alban **Larousse**
Béatrice **Rodriguez**
Élène **Usdin**
Rémi **Saillard**
Frédérique **Schwebel**
Anne **Wilsdorf**

Illustration de couverture:
Émile **Bravo**

Illustrations des planches encyclopédiques:
Chantal **Beaumont**, Laurent **Blondel**, Franck **Bouttevin**, Marc **Legrand**, Christian **Heinrich**, Emmanuel **Mercier**, Patrick **Morin**, Jean-Marc **Pariselle**, François **Poulain**, Dominique **Roussel**, Dominique **Sablons**, Michel **Saemann**, Tom **Sam You**, Léonie **Schlosser**, Jean-Claude **Sénée**, Masako **Taëron**, Amélie **Veaux**

Conception et rédaction: Anne **Bouin**

Direction artistique, conception graphique & réalisation:
F. **Houssin** & C. **Ramadier** pour **DOUBLE**

Direction éditoriale: Françoise **Vibert-Guigue**
Édition: Brigitte **Bouhet**
Direction de la publication: Isabelle **Jeuge-Maynart**
Fabrication: Jacques **Lannoy**

Imprimé en Espagne par Graficas Estella • Photogravure: Passport
Dépôt légal: avril 2003
Conforme à la loi n° 49956 du 16 juillet 1949 sur les publications destinées à la jeunesse.
ISBN : 978-2-03-585253-3
304138-02-11016532 - Septembre 2011

Mon Premier Larousse de la nature

LAROUSSE
JEUNESSE

Mon Premier Larousse de la nature

SOMMAIRE

1. AU JARDIN

2. À LA CAMPAGNE

3. AU BORD DE L’EAU

4. DANS LA FORÊT

5. AU BORD DE LA MER

6. À LA MONTAGNE

7. DANS LE SUD

PLANCHES

Le petit monde du

JARDIN

Chaque jardin est un petit monde inventé par son jardinier. Il y fait pousser des plantes qu'il choisit pour leur couleur, leur parfum ou leur goût : des arbres, des arbustes, des fleurs ou des légumes. De nombreux oiseaux et toutes sortes de petites bêtes vivent parmi ces plantes.

Promène-toi dans ce jardin et amuse-toi à chercher :

- Une coccinelle
- Une cerise
- Un radis
- Un poireau

Et n'oublie pas de répondre à la devinette du jardinier !

Deux pétales qui s'ouvrent et qui s'envolent. Qui suis-je ?
Tu as deviné qui est l'animal fétiche du petit monde des jardins ? Amuse-toi à le retrouver dans toutes les pages de ce chapitre.

Les arbres du parc

Dans les parcs et les jardins publics, on peut admirer des arbres qui ne poussent pas dans nos forêts à l'état naturel. Souvent, ils viennent de pays lointains. Pour les reconnaître, il faut regarder leurs feuilles.

Le **cèdre du Liban**. Ses longues branches s'étalent à l'horizontale.

Le **séquoia**. Il est très haut et pointu. Son écorce est épaisse mais extrêmement tendre.

Le **platane**. Son écorce claire se détache par grands morceaux.

Le **marronnier**. Ses marrons sont enfermés dans des bogues piquantes. Ils ne sont pas bons à manger.

Le **tilleul**. En été, il donne des petites fleurs dont on fait des tisanes.

Le **ginkgo biloba**. En automne, il parsème le sol de ses feuilles couleur d'or. On l'appelle l'arbre aux quarante écus.

L'**érable**. Ses fruits ont deux petites ailes qui tournoient dans le vent. En automne, il est rouge et jaune.

Des arbres pour mieux respirer

Les feuilles des arbres absorbent le gaz carbonique contenu dans l'air et rejettent de l'oxygène. Dans les villes, les arbres sont précieux car ils absorbent ce qui est mauvais dans l'air que nous respirons et rejettent ce qui est bon.

Les fleurs du jardin ❶

Il existe des fleurs de toutes les tailles et de toutes les couleurs. On sème leurs graines chaque année, au printemps, pour qu'elles fleurissent de l'été à l'automne.

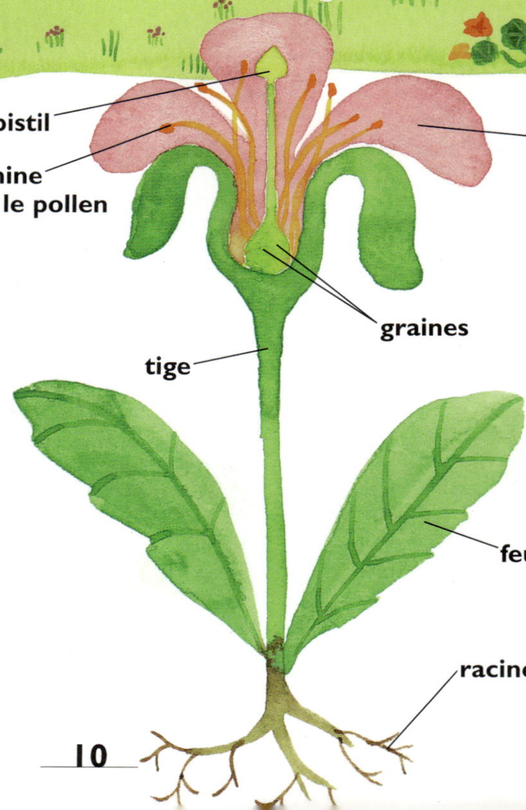

Pour faire pousser des fleurs, on peut semer des graines. Souvent ces graines sont cachées dans la fleur.

Les fleurs ont besoin des insectes

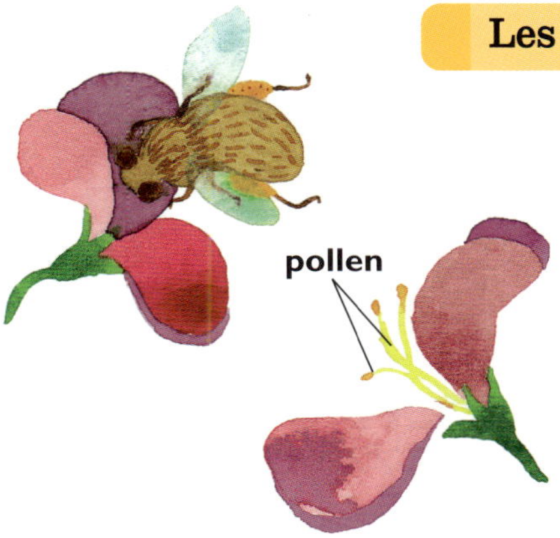

Pour fabriquer leurs graines, les fleurs ont besoin des insectes.

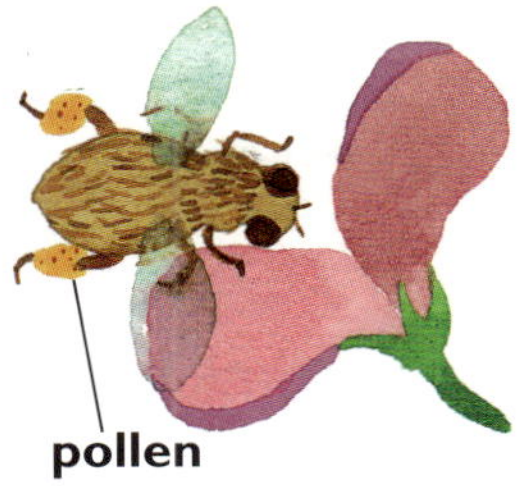

En **butinant**, d'une fleur à l'autre, les insectes emportent du **pollen** sous leurs pattes.

Quand le pollen d'une fleur est déposé sur le **pistil** d'une autre, les **graines** se forment.

Les fleurs qu'il faut semer

Le **souci** est jaune.

Le **pois de senteur** sent bon.

La **pensée** a de petites fleurs violettes ou jaunes.

La **giroflée** sent très bon.

La **capucine** a des feuilles rondes et des fleurs jaunes ou orange.

La **primevère** a des fleurs jaunes, blanches ou violettes.

L'**œillet** sent bon.

La **rose trémière** a une grande tige et des fleurs de toutes les couleurs.

Les fleurs du jardin ❷

Certaines fleurs du jardin refleurissent chaque année.
Pour faire pousser ces fleurs, on plante des bulbes ou des rhizomes.

Les fleurs qui refleurissent chaque année

Les bulbes sont des sortes d'oignons, les rhizomes sont des sortes de racines. Ils contiennent des réserves qui permettent à la plante de vivre **plusieurs années**.

Le **perce-neige** fleurit à la fin de l'hiver.

Il y a des **tulipes** de toutes les couleurs.

La **jonquille** est jaune.

Le **narcisse** est blanc.

La **jacinthe** est bleue, blanche ou rose. Elle sent bon.

L'**iris** est violet, blanc ou jaune.

Le **dahlia** a de grosses fleurs de toutes les couleurs.

Une fleur en hiver

Quand on met un bulbe de jacinthe **dans l'eau**,...

... au bout de quelques jours, les **feuilles** et les **racines** sortent,...

... les **fleurs** s'ouvrent : quel parfum !

Les roses

L'églantier

Le rosier cultivé

Toutes les espèces de roses viennent de l'églantier, le rosier sauvage.

La **glycine** grimpe en s'enroulant. Son tronc peut être aussi gros que celui d'un arbre. Elle fleurit en longues grappes mauves.

La **clématite** est une plante grimpante. Ses fleurs, roses, blanches ou bleues, sont en forme d'étoiles.

Le **lilas** est un arbuste. Ses fleurs, en grappes serrées, violettes, ou blanches, sont très parfumées.

Les légumes du potager

**Les légumes sont des plantes que l'on cultive pour les manger.
Le jardin où l'on fait pousser les légumes s'appelle le potager.**

Comment poussent les légumes ?

De la graine à la salade

1. Une graine. **2.** Une petite pousse.
3. Une feuille. **4.** Des racines.
5. Les feuilles grandissent : c'est la salade.

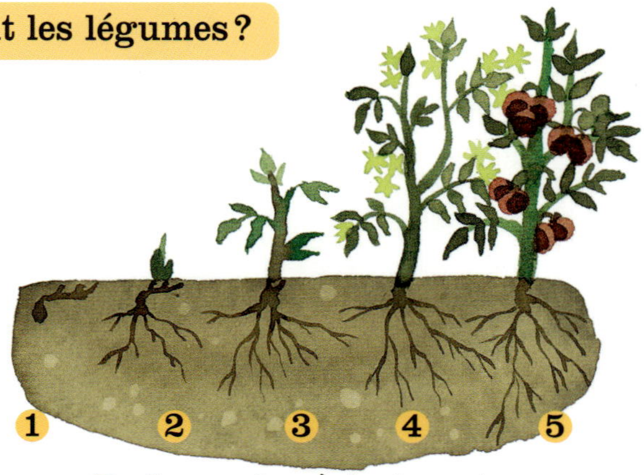

De la graine à la tomate

1. Une graine. **2.** Une petite pousse.
3. Des feuilles et des racines. **4.** Des fleurs.
5. Des fruits : ce sont les tomates.

De la graine à la carotte

1. Une graine. **2.** Une petite pousse.
3. Des feuilles. **4.** Une racine.
5. La racine grandit et grossit :
c'est la carotte.

De la pomme de terre à la pomme de terre

1. Une pomme de terre.
2. Un germe. **3.** Des feuilles. **4.** Des fleurs.
5. Les racines grossissent :
ce sont les pommes de terre.

Selon les légumes, on mange
les **feuilles**, les **fruits**, les **racines** ou les **graines**.

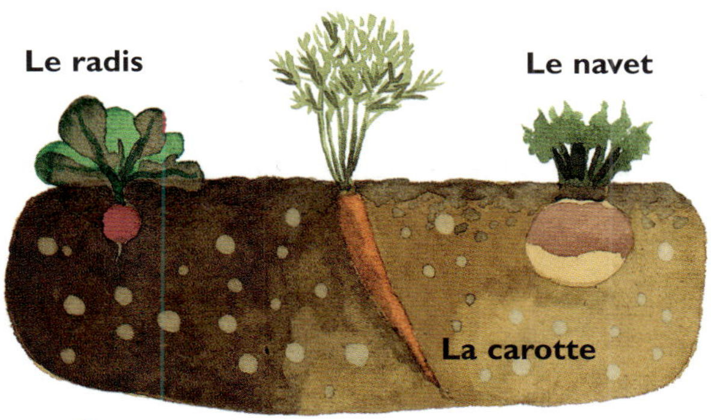

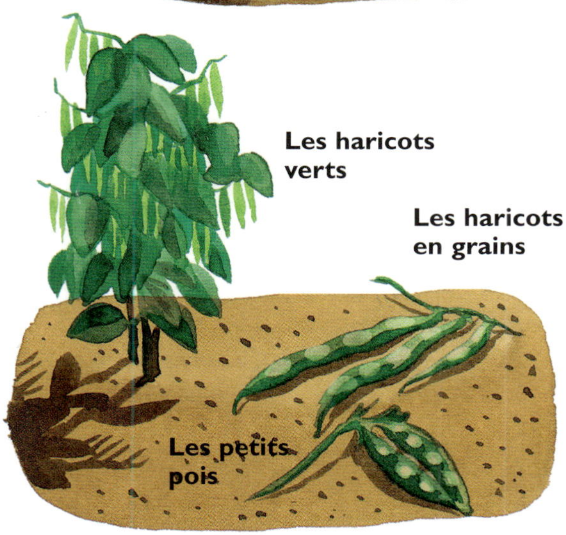

Les fruits du verger

Les arbres qui donnent des fruits sont des arbres fruitiers. Ils poussent dans le verger. Les arbres sont d'abord en fleurs, ensuite ils donnent des fruits.

Les fruits rouges

La **fraise** pousse sur une petite plante : le **fraisier**. Les fraisiers ont des petites fleurs blanches. Ces fleurs deviennent des fraises quelques semaines plus tard.

Les **groseilles** poussent sur un arbuste : le **groseillier**.

Les **framboises** poussent sur un arbuste : le **framboisier**.

Les **cassis** poussent sur un arbuste : le **cassissier**.

Un noyau

À l'intérieur de certains fruits, il y a quelque chose de dur : c'est un **noyau.** Dans ce noyau, il y a une **graine**.

La **cerise** pousse sur un arbre : le **cerisier**.

La **prune** pousse sur un arbre : le **prunier**.

La **pêche** pousse sur un arbre : le **pêcher**.

Des pépins

Dans d'autres fruits, on trouve des **pépins** : ce sont de petites **graines.**

La **pomme** pousse sur un arbre : le **pommier**.

La **poire** pousse sur un arbre : le **poirier**.

Les petites bêtes du jardin

Aimés ou détestés, les insectes, les araignées ou les vers sont utiles à la vie d'un jardin. Voici ceux que l'on y rencontre le plus souvent.

La **coccinelle**.
Le jardinier l'aime bien car elle débarrasse les rosiers des pucerons.

La naissance d'une coccinelle

1. L'accouplement. **2.** La ponte. **3.** Les larves sortent de leurs œufs. **4.** Les larves mangent des pucerons. **5.** La larve se transforme en **nymphe**. **6.** La future coccinelle sort de la **chrysalide**.

Pourquoi un ver de terre est bon pour la terre

1. Le **ver de terre** (son vrai nom est **lombric**) creuse des galeries pour se déplacer dans le sol humide en avalant la terre. **2.** Il aère le sol et aide les plantes à se développer.

La **cétoine dorée**.
Au mois de mai, c'est un bijou posé sur la rose ou la pivoine.

Ce **hanneton** est-il **mâle ou femelle**?
Chez le mâle, l'éventail des antennes
a **7** lamelles, chez la femelle, **6**.

Le **bourdon** est bien dodu.
Il ne faut pas le confondre
avec le mâle de l'abeille,
le faux bourdon.

L'**araignée des jardins**.
Elle a 8 grandes pattes fines.
Elle tisse sa toile pour piéger
les insectes qu'elle mange.

Le **gendarme**.
Les dessins rouge
et noir de son corps
ressemblent à un masque.

Le **perce-oreille**
ne perce pas les oreilles.
Il mange des pétales
de fleurs.

La **limace**. Elle dévore
les salades du potager,
comme son cousin l'escargot
(à découvrir page 36).

Le papillon

**Le papillon vole de fleur en fleur pour se nourrir.
Il pond de petits œufs d'où sortent des chenilles.
Les chenilles deviennent ensuite des papillons.**

Comment la chenille devient papillon

La femelle papillon **pond** ses œufs sur une feuille.

Une **chenille** sort de l'œuf.

Pour se nourrir, la chenille dévore les **feuilles**.

La chenille **grandit**. Sa peau devient trop petite.

Alors, elle en change : elle **mue**.

La chenille doit muer **plusieurs fois**.

À la fin, la chenille devient une **chrysalide**.

On voit les **yeux**, les **pattes** et les **ailes** du futur papillon.

Le **papillon** sort de la chrysalide et déplie ses ailes.

Le papillon déroule sa trompe pour aspirer le nectar des fleurs.

Les yeux des papillons ont des facettes pour voir tout autour.

Leurs ailes sont recouvertes de minuscules écailles.

Un papillon est un **insecte** qui a quatre grandes ailes, souvent avec de **jolies couleurs**. Il y a des papillons de **jour** et des papillons de **nuit**.

Le **paon du jour** porte des taches qui ressemblent à des yeux.

Le **machaon** est grand. Ses ailes se terminent par une queue.

Le **citron** est tout jaune.

Le **grand paon de nuit** a des couleurs sombres pour être invisible dans la nuit.

Les oiseaux du jardin

Les moineaux pépient, les merles sifflent, les hirondelles gazouillent, les tourterelles roucoulent… Chaque oiseau a son langage. Il s'en sert pour se faire reconnaître ou pour signaler un danger.

À chaque oiseau son cri

1. Le **moineau** :
« tchip, tchissis, piap ».

2. Le **rouge-gorge** :
« tic, tic, tic ».

3. Le **merle** :
« pik pik pik ».

4. La **mésange bleue** :
« tsi tsi tsi uuu ».

5. La **tourterelle** :
« coucou-cou ».

6. L'**hirondelle** :
« sivit sivit ».

7. Le **martinet** :
« sriii sriii ».

L'**hirondelle** revient d'Afrique au **printemps**, pour construire son nid sous le toit des maisons.

JANVIER
FÉVRIER
JUIN
MA
JUILLET
AOÛT
DÉCEMBRE
NOVEMBRE

Une année
au
JARDIN

**D'un mois
à l'autre,
le jardin change.
Amuse-toi
à chercher :**

- Un perce-neige
- Une tulipe
- Une fraise
- Une tomate
- Un dahlia
- Une citrouille

**Et n'oublie pas
de chercher
aussi**
l'animal fétiche **!**

Le petit monde de la

CAMPAGNE

La campagne est le domaine des champs, des prés, et des animaux de la ferme. Dans les champs, on cultive du blé ou du maïs ; dans les prés, il y a des vaches ou des moutons ; et dans la ferme, on élève des cochons et des volailles.

Promène-toi autour de cette ferme et amuse-toi à chercher :

- Une pie
- Un coq
- Trois poussins
- Un campagnol

Et n'oublie pas de répondre à la devinette du fermier !

Je promène ma maison sous la pluie. Qui suis-je ?
Tu as deviné qui est l'animal fétiche du petit monde de la campagne? Alors, amuse-toi à le retrouver dans toutes les pages de ce chapitre.

Dans les prés

Les prés sont de grands champs d'herbe où broutent les vaches et les chevaux. Ils sont souvent entourés de haies. Au printemps et en été, les animaux mangent l'herbe verte. En hiver, ils mangent de l'herbe sèche.

L'**ortie** est une herbe sauvage. Si on la touche, elle donne de petits boutons qui grattent très fort.

Le **trèfle** et la **luzerne** sont cultivés pour faire du foin, l'herbe sèche que mangent les vaches en hiver.

Le **trèfle**

La **luzerne**

Le **chardon** pique mais ne donne pas de boutons.

En juin, les herbes des prés sont coupées pour nourrir les animaux pendant l'hiver. Ce sont les **foins**.

Dans les haies

La **ronce** a de terribles épines, mais donne la **mûre** noire et sucrée.

L'**églantier** est un rosier sauvage. Ses fruits s'appellent des **gratte-cul**.

L'**aubépine** a de jolies fleurs, blanches comme la neige.

La **noix** pousse sur un grand arbre : le **noyer**.

Les **noisettes** poussent sur un arbuste : le **noisetier**.

Le **sureau** a des fleurs qui sentent le miel. Ses fruits se mangent en confiture.

Les petits animaux des champs

Beaucoup de petits animaux vivent entre les champs et les bois. Ils se cachent dans des trous ou des terriers pour se protéger de leurs ennemis, les renards ou les rapaces.

Le **lièvre** est plus grand que le lapin. Ses oreilles sont plus longues et il court plus vite.

Il ne construit pas de terrier mais se cache dans des creux d'herbe.

Le **lapin** vit dans des terriers qui communiquent entre eux. Ce réseau de galeries s'appelle une **garenne**.

Les lapins ont beaucoup de petits : une lapine peut avoir **40 lapereaux** par an !

La **chauve-souris**.
Elle **dort la tête en bas** pendant le jour. Elle chasse la nuit. Elle **vole en zigzag** pour attraper des insectes.

Le **campagnol**. Sa queue est petite et ses oreilles minuscules. Il dévore les grains de blé et de maïs.

Le **mulot** est gris. Sa **queue** est longue et ses **oreilles** assez grandes. Il aime les graines et les insectes.

La **musaraigne**.
Avec son museau très pointu, elle peut attraper de très petits insectes.

Le **hérisson**. Il vient chercher les insectes sur les routes et s'y fait souvent écraser. C'est un excellent **chasseur de vipères**.

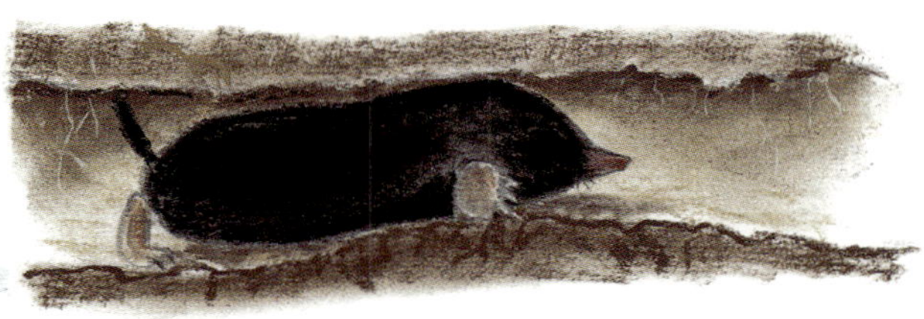

La **taupe**. Elle creuse des **galeries** en laissant des mottes de terre derrière elle. Certaines prairies en sont parsemées.

Les fleurs des champs

Les fleurs des champs poussent au bord des chemins de campagne et dans les prés, du printemps à l'automne.

Le **coucou** annonce le printemps. Ses petites fleurs jaunes sont sucrées.

Le **bouton-d'or** fleurit en mai. Ses pétales jaunes paraissent vernis.

La **pâquerette** est petite, elle tapisse les prés.

La **marguerite** est grande et robuste.

Le **coquelicot**. Ses pétales sont légers et fragiles.

Le **bleuet** est devenu rare dans les champs cultivés.

Le **liseron**, rouge ou blanc, pousse en s'enroulant autour d'une autre plante.

Le **colchique** fleurit en automne, dans les prés. Il est toxique. Il ne faut pas le cueillir.

Le pissenlit sème ses graines à tout vent...

Le pissenlit a des **feuilles dentelées**. Sa **fleur** est jaune.
Après la fleur, ses **graines** forment un **pompon duveteux**. Le vent emporte ces graines comme de petits parachutes.

Des fleurs de toutes les formes

La **marguerite** : en forme de corolle.

Le **liseron** : en forme d'entonnoir.

Le **pissenlit** : en forme de pompon.

Le **bouton-d'or** : en forme de coupe.

Le **coucou** : en forme de clochette.

Les insectes des prés

Les insectes ont deux antennes et six pattes. Ils passent l'hiver endormis dans des petits trous. Dès le printemps, ils pondent leurs œufs, butinent les fleurs, nourrissent leurs larves…

Le **grillon**. On entend son cri-cri dès les beaux jours. C'est le mâle qui appelle les femelles, en frottant ses ailes l'une contre l'autre.

La **sauterelle**. Ses deux grandes pattes arrière lui permettent de faire des bonds au-dessus des herbes. Elle se nourrit de graines tendres.

Seule la femelle est un **ver luisant**. Elle n'a pas d'ailes, alors que le mâle est un insecte qui vole. Les nuits d'été, la femelle, cachée dans l'herbe, attire le mâle grâce à la petite lumière verte de sa queue.

guêpe

abeille

frelon

La guêpe, l'abeille et le frelon
font des **piqûres** très douloureuses si on les dérange.

Les **guêpes** fabriquent
leur **nid** avec du **bois**.

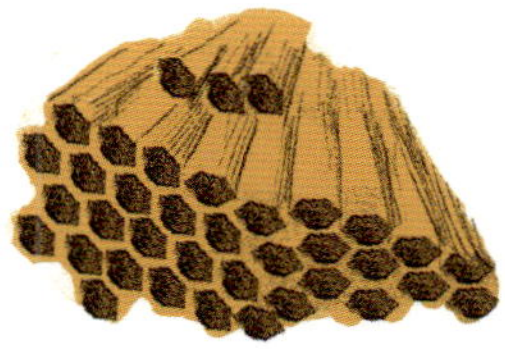

Le **nid des abeilles**
est fait d'alvéoles de **cire**.

Les **frelons** aussi fabriquent
leur **nid** avec du **bois**.

La vie d'une ruche

Dans une ruche, on élève des abeilles pour récolter du **miel**. Dans chaque ruche, il y a une seule reine et des milliers d'ouvrières. La **reine pond** des œufs. Les **ouvrières travaillent** : elles fabriquent les alvéoles de cire, où la reine pond 2 500 œufs par jour, et d'autres où elles rangent le miel.

Lorsque les œufs éclosent, les ouvrières partent butiner les fleurs. Avec le **nectar** des fleurs, elles fabriquent le **miel**. Avec le miel, elles nourrissent les **larves**. Bien nourries, les larves se transforment et deviennent à leur tour des abeilles.

L'escargot

L'escargot est un petit animal qui aime la pluie. Il se protège du soleil en rentrant dans sa coquille. Son corps est mou : c'est un mollusque. Il avance très lentement en rampant, mais mange très vite d'énormes quantités de feuilles.

Pour se déplacer, l'escargot fabrique une **bave** qui protège son pied.

Cette bave collante lui permet de monter et de descendre, même **la tête en bas**.

Il repère les bonnes feuilles puis les dévore avec sa **langue râpeuse**.

Une vie d'escargot : des feuilles, du sommeil et de l'eau

L'escargot **pond** ses œufs dans un trou.

Trois semaines plus tard, de minuscules escargots transparents apparaissent.

Quand leur **coquille** est assez dure, ils sortent de terre pendant la nuit.

Plus le petit escargot mange, plus **il grossit**.

L'escargot fabrique lui-même sa coquille : **elle grandit** avec lui.

Quand il fait chaud, **il rentre** dans sa coquille.

Lorsqu'il pleut, **il sort**.

Pendant l'hiver, il s'enferme dans sa coquille et **dort**.

Un escargot a beaucoup de **force**.

Les oiseaux des champs

Les petits oiseaux de la campagne aiment nicher dans les haies. Ils y trouvent des baies et des insectes pour se nourrir et ils y cachent leurs nids. Les autres oiseaux nichent dans les grands arbres ou au ras du sol.

Les nids

Pour construire leurs nids, les petits oiseaux ramassent des **herbes sèches**, de la **mousse**, des **toiles d'araignée**, des **poils d'animaux**… Les oiseaux plus gros fabriquent leurs nids avec des **branches** et des **brindilles**.

La **corneille** est toute noire. Le **corbeau** a le bec gris clair. Ils font de grands nids perchés en haut des arbres.

La **pie**. Ses plumes sont noires et blanches. Elle a une longue queue. Elle niche aussi dans les arbres.

L'**alouette** niche au ras du sol.
Elle bat des ailes au-dessus de son nid en chantant.

Le **faisan** et sa femelle, la **poule faisane**, se promènent souvent ensemble.
Le mâle a des plumes aux couleurs magnifiques. La femelle est brun tacheté.

La **perdrix**. Le mâle et la femelle vont aussi deux par deux.

La **caille** est dodue. Elle fait son nid dans les champs.

Dans les champs

Beaucoup de plantes que les agriculteurs font pousser dans les champs servent à fabriquer des produits que l'on mange. Avec le blé, on fait de la farine, avec le tournesol et le colza, on fait de l'huile, avec la betterave à sucre, on fait du sucre.

Au printemps, les petites pousses de **blé** ressemblent à de l'herbe verte.

En été, quand le blé a poussé, les **épis** ont une belle couleur dorée. Ils sont **mûrs** et prêts à être **moissonnés**.

L'**orge**. Ses épis ont de longues barbes. Ils servent à nourrir les animaux, mais aussi à fabriquer de la bière.

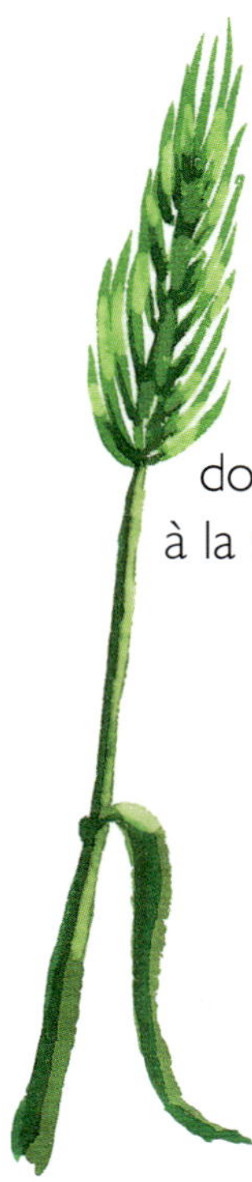

Le **seigle**. Sa farine donne un pain à la mie foncée.

Le **maïs** sert surtout à nourrir les volailles.

L'**avoine** est la nourriture préférée des chevaux.

La fleur de **tournesol** ressemble à un **soleil**.
Au milieu, il y a des **graines**. On en fait de **l'huile**.

Au mois d'avril, les champs de **colza** sont tout jaunes : ils sont en fleur.
On fait de **l'huile** avec leurs **graines**.

La grosse racine de la **betterave à sucre** donne un jus sucré quand on la presse.
Ce jus sert à faire le **sucre**.

Les animaux de la ferme

Dans les fermes, les agriculteurs élèvent des animaux pour qu'ils nous donnent leur viande, leur lait ou leurs œufs.

Pour donner du lait, la **vache** doit d'abord avoir eu un petit veau. On la **trait** deux fois par jour: le matin et le soir.

Le **taureau** fait des petits veaux aux vaches.

Le **veau**. Aujourd'hui, peu de veaux ont la chance de têter leur mère. Ils sont élevés pour leur viande et nourris avec du lait en poudre.

Le **bœuf** est un taureau qui ne peut plus faire de veaux. Il est élevé pour sa **viande**.

Le **cochon** est généralement rose et a une queue en tire-bouchon. Il fournit une grande quantité de viande : jambons, saucissons, saucisses, côtelettes, rillettes, lard…
La **truie** peut avoir 10 ou 12 porcelets.

Une poule pond **un œuf par jour**.

Pour faire **des poussins**, la poule doit **couver** ses œufs pendant 21 jours.

Le poussin sort de l'œuf en **cassant** la coquille avec **son bec**.

Les poules n'ont **pas de dents**. Elles picorent de petits cailloux qui écrasent les graines dans leur estomac.

Le **coq** est le mâle de la poule.

La **pintade** est grise et blanche.

Le **dindon** est le mâle de la dinde.

L'**oie** est blanche ou grise.

JANVIER
FÉVRIER
JUIN
M
JUILLET
AOÛT
DÉCEMBRE
NOVEM

Une année
à la
CAMPAGNE

D'un mois à l'autre, la campagne change. Amuse-toi à chercher :

- Un lièvre
- Un bouton-d'or
- Un coquelicot
- Une mûre
- Une noisette
- Une plume de corbeau

Et n'oublie pas de chercher aussi l'animal fétiche **!**

Le petit monde des BORDS DE L'EAU

Les ruisseaux, les rivières, les étangs et les mares abritent des plantes et des animaux bien particuliers. Il y en a qui peuvent vivre sur la terre et dans l'eau, comme les grenouilles, d'autres qui ne peuvent vivre que dans l'eau, comme les poissons.

Promène-toi au bord de cette rivière et amuse-toi à chercher :
• Un nénuphar • Une libellule • Un caneton • Un martin-pêcheur

Et n'oublie pas de répondre à la devinette du pêcheur !

Le nénuphar est mon plongeoir sur la mare. Qui suis-je ?
Tu as deviné qui est l'animal fétiche du petit monde des bords de l'eau? Alors, amuse-toi à le retrouver dans toutes les pages de ce chapitre.

Les arbres et les plantes

Ces arbres et ces plantes aiment l'humidité. Leurs racines qui s'enfoncent dans le sol consolident les bords des rivières et des étangs.

Le **saule blanc**. Ses longues feuilles ont un reflet argenté.

Le **peuplier** est très haut. Ses feuilles frémissent au moindre vent.

L'**aulne**. Ses fruits ressemblent à de très petites pommes de pin.

Le **frêne**. Ses fruits sont des grappes de petites gousses.

Les racines d'un arbre

Les racines sont profondes et elles peuvent maintenir droit un très grand arbre. Mais si le vent est trop fort et si le sol est trop humide, l'arbre peut être déraciné.

Le **myosotis** a de petites fleurs bleues.
On l'appelle aussi « oreille de souris ».

L'**iris des marais** pousse bien
les pieds dans l'eau.

Le **jonc**. Ses feuilles sont creuses
comme des tubes et très souples.

Il existe le **roseau** à plumeau et la **massette**
dont la fleur semble en velours marron.

Le **nénuphar**. Ses grandes feuilles
et ses grosses fleurs ont de longues tiges
qui s'enracinent au fond de l'eau.

Les **lentilles d'eau**. Elles couvrent
la surface des étangs et des marais,
comme de minuscules confettis verts.

Les insectes des rivières et des étangs

Dès les beaux jours, les insectes viennent pondre leurs œufs dans les rivières, les mares ou les étangs. Leurs larves devront se transformer plusieurs fois avant de devenir, à leur tour, moustique ou libellule : c'est la métamorphose.

Le **moustique**. La femelle pond ses œufs dans les marais et les étangs. Pour les fabriquer, elle a besoin de se nourrir de sang. C'est pour ça qu'elle pique. Le moustique mâle ne pique pas, il suce le nectar des fleurs.

L'**araignée d'eau** ou **gerris** peut marcher sur l'eau ! Au bout de ses pattes, elle a des poils imperméables qui lui permettent de flotter.

L'**argyronète** est une petite araignée qui vit sous l'eau grâce aux bulles d'air qu'elle attrape dans sa toile.

La **libellule**.
Elle a des yeux énormes. Avec ses ailes transparentes, elle vole à la verticale, en avant ou en arrière, comme un hélicoptère.

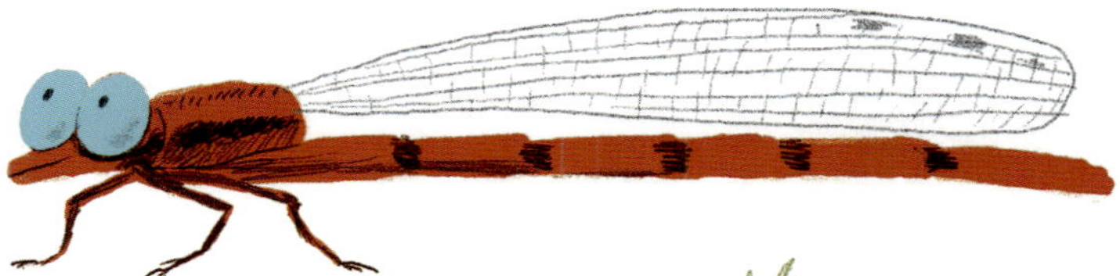

La **demoiselle** est plus petite que la libellule.
Son corps est mince, turquoise ou rouge.
Lorsqu'elle se pose, elle replie ses ailes comme un papillon.

La transformation d'une larve de libellule

Au printemps, la larve de libellule sort de son œuf. Elle grandit pendant toute une année, jusqu'au printemps suivant, en changeant de peau **une dizaine de fois**. À chaque fois, une larve plus grande sort. C'est la **mue**. À la dernière mue, la larve est devenue libellule.

La grenouille

La grenouille est un animal qui peut vivre à la fois dans l'eau et sur terre. Elle vit au bord des mares et des étangs. Au printemps, elle pond des œufs dans la mare. Ils se transforment en têtards puis en grenouilles.

La grenouille **pond** ses œufs dans l'eau.

Il en sort des **têtards**. Ils ont une **queue pour nager**.

Deux mois plus tard, des **pattes** apparaissent et la queue diminue. Ils sont devenus **grenouilles**.

La grenouille est la **reine** du **saut en longueur**.
Bien appuyée sur ses pieds, elle détend ses longues cuisses musclées.

Elle projette sa **langue** en avant pour attraper ses proies : mouches, insectes, larves, petits poissons.

La **rainette** est une petite grenouille verte. Pour se cacher, elle peut changer de **couleur**.

Le **crapaud** n'est pas le mâle de la grenouille. C'est un autre animal, plus **gros**.

Pour laisser passer les crapauds sous les routes, on construit un petit tunnel : un **crapauduc**.

La **salamandre**. Elle ne va dans l'eau que pour mettre au monde ses larves.

Le **triton** a une crête de dragon. Il vit dans l'eau.

Les poissons d'eau douce ❶

Les poissons ont un corps fait pour vivre dans l'eau. Les poissons qui vivent dans les rivières, les lacs, les étangs sont des poissons d'eau douce.

La carpe

La carpe vit dans les rivières aux **eaux tranquilles**.
Elle peut sauter hors de l'eau quand on lui jette du pain.

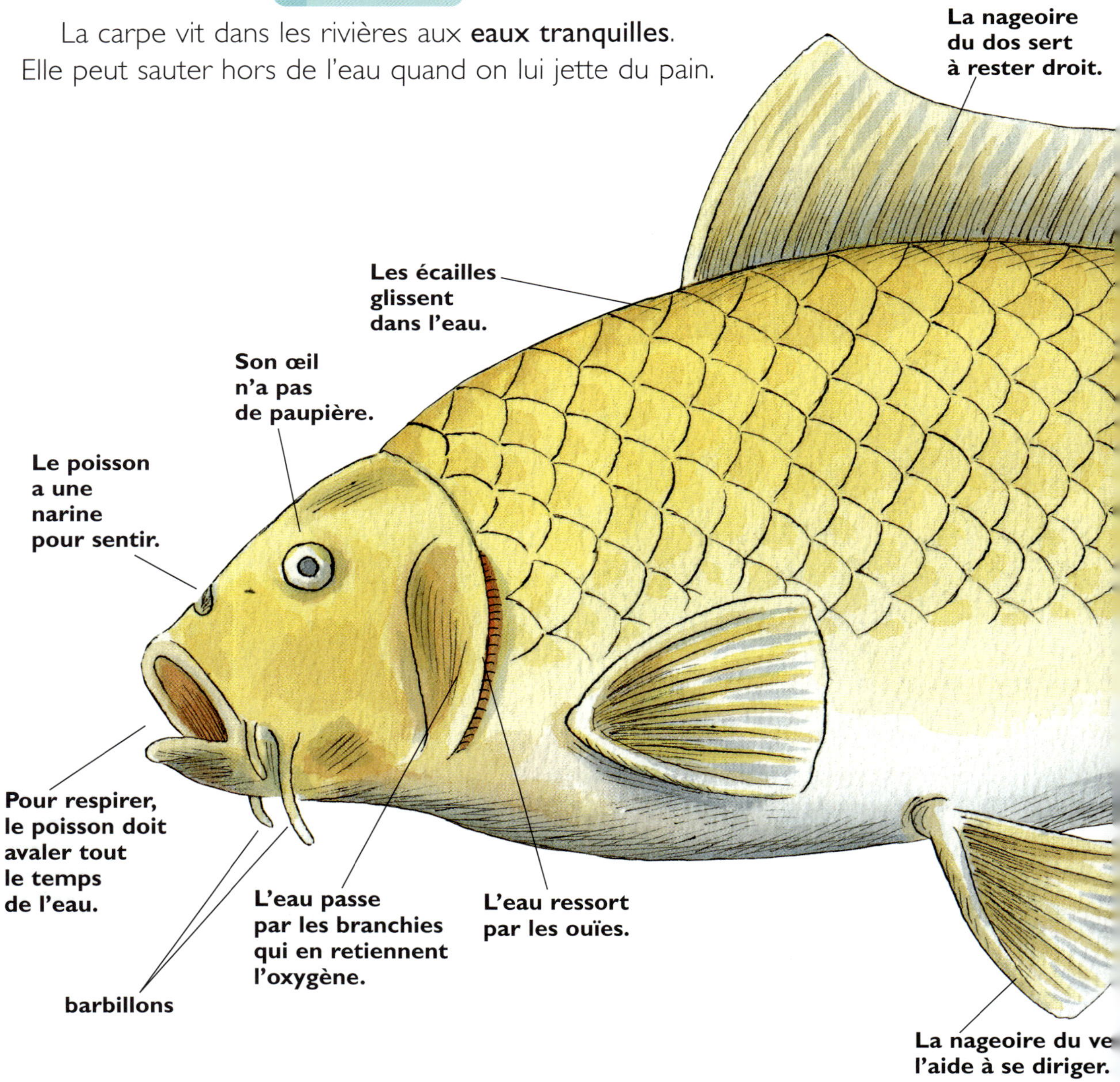

La naissance d'un poisson

La femelle pond des **millions d'œufs.** Le mâle féconde les œufs avec sa laitance.

Les petits poissons qui sortent des œufs s'appellent des **alevins**.

Les alevins ont une **réserve** de nourriture sous le ventre.

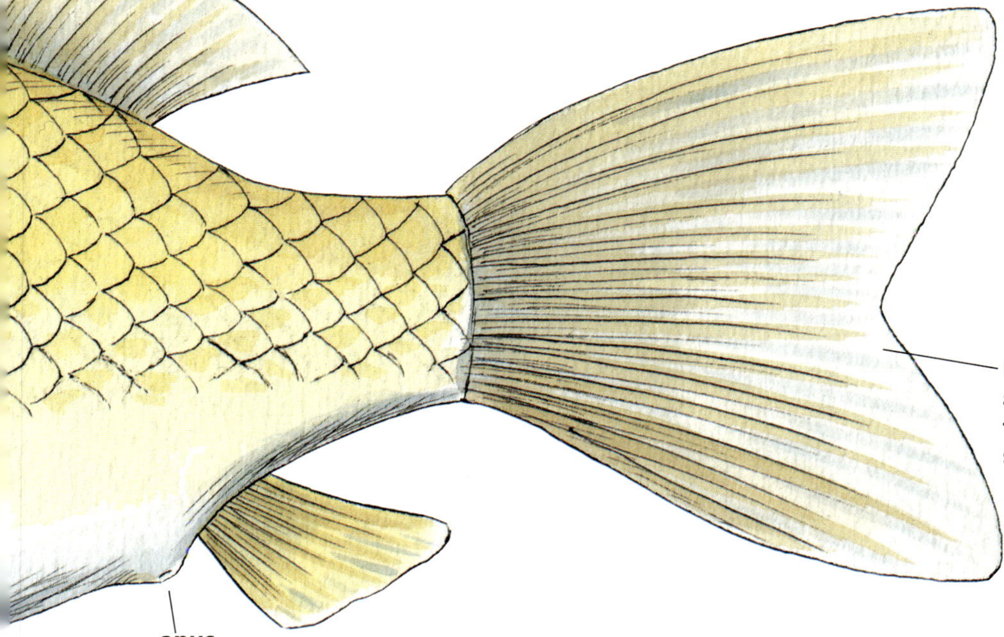

Les carpes cherchent leur nourriture dans la **vase** avec leurs **barbillons**.

Les poissons d'eau douce ❷

Il existe toutes sortes de poissons, des très petits et des très gros. Certains poissons ont une vie extraordinaire : ils parcourent des milliers de kilomètres pour aller pondre leurs œufs !

Le **goujon** est un tout **petit** poisson : il ne mesure pas plus de 10 cm. Il aime les eaux très claires. Il est devenu **rare** à cause de la pollution des rivières.

Contrairement au goujon, le **silure** est très **gros** et vit dans les eaux polluées. Ses longs **barbillons** lui servent à chercher sa nourriture dans la vase.

Le **brochet** est très **vorace**. Avec ses dents pointues, c'est un véritable requin d'eau douce !

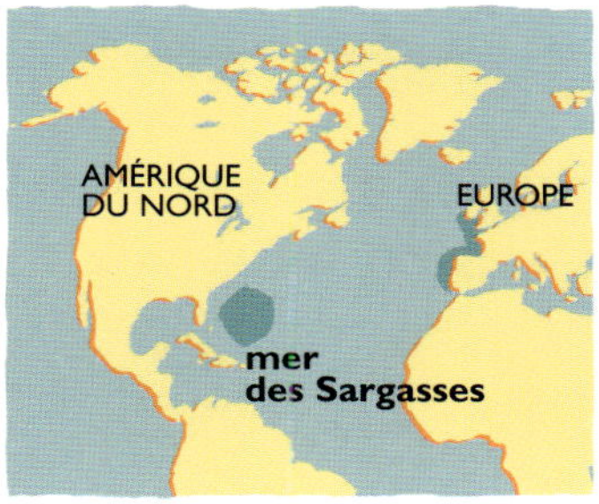

Les poissons voyageurs

Les **anguilles** naissent dans les algues de la **mer des Sargasses**, près des Antilles. Les **courants** de l'océan Atlantique entraînent les petits alevins vers les **côtes d'Europe**. Les jeunes anguilles ne restent pas dans la mer : elles vont vivre dans les **rivières**.

Lorsqu'elles ont **quinze ans**, les anguilles redescendent les rivières jusqu'à la mer et traversent à nouveau l'océan, pour aller pondre leurs œufs à l'endroit **où elles sont nées**. C'est aussi là qu'elles meurent, après ce long et épuisant voyage.

Pour le **saumon**, c'est le contraire. Il naît dans une rivière et vit dans l'océan. Mais il retourne dans la rivière où il est né pour **pondre ses œufs** ! Il est capable de sauter des barrages pour atteindre son but. Les jeunes retournent en mer vers l'âge de deux ans.

Les oiseaux des rivières et des étangs

Les oiseaux des rivières nichent dans les roseaux ou dans les arbres du bord de l'eau. Le plus petit oiseau des rivières est le martin-pêcheur. Il est très coloré. Le plus grand est gris, c'est le héron cendré.

Le **martin-pêcheur** a de belles plumes orange et bleues.

La **bécassine** des marais a un long bec pointu.

Le **martin-pêcheur** plonge en un éclair, pour attraper les poissons.

La **poule d'eau** fait son nid dans les herbes et les roseaux. Dès que les petits sortent de l'œuf, ils sont capables de marcher pour échapper au renard ou à la fouine.

Le **héron cendré** a de grandes pattes, un long cou mince, et un long bec.

Pattes palmées ou pas palmées ?

Le **héron** n'a pas les pattes palmées.
Il n'a pas besoin de nager pour pêcher.
Il déplie son long cou et attrape
le poisson avec son long bec.
Le **canard** a besoin de nager pour pêcher.
Ses pattes sont palmées.

Les **canards plongeurs** plongent,
les **autres canards** basculent en avant :
ils plongent… « en canard ».

Les oiseaux voyageurs

Certains oiseaux font de très longs voyages : ce sont des oiseaux migrateurs. Comme ils ne trouvent plus à manger dans les pays du Nord pendant l'hiver, ils partent vers le sud, vers les pays chauds. Certains vont jusqu'en Afrique.

En position de vol

Pour économiser leurs forces et voler longtemps, ils se mettent en V. Celui qui est devant guide les autres et les protège du vent. Lorsqu'il est fatigué, un autre le remplace.

Les canards de la ferme, les **colverts**, ont gardé le même plumage que les canards sauvages… mais ils ont perdu l'instinct du voyage. Le **mâle** a la tête et le cou verts. La **femelle** est tachetée.

Les **sarcelles d'hiver** sont des canards sauvages. Pour se reposer pendant leur voyage, elles s'arrêtent sur les étangs.

La **grue cendrée**. Pour décoller, il lui suffit de faire deux ou trois enjambées.
En plein vol, son long cou et ses longues pattes s'étirent à l'horizontale.

oie sauvage

oie domestique

L'**oie sauvage** parcourt des milliers de kilomètres par an.
L'**oie domestique** est trop lourde pour voler.

La **cigogne** fait son nid sur les cheminées d'Alsace et part à l'automne en Afrique.
Les plumes de ses **ailes** sont écartées comme des doigts pour mieux planer.

Sur les bords de la rivière

Ces petits animaux vivent sur les bords des rivières, entre la terre et l'eau. Ils y creusent leur terrier ou construisent des huttes avec des branches et des roseaux.

Le **rat musqué**
construit sa hutte en roseaux
et en branchages.
Il y entre en plongeant sous l'eau.

Le **ragondin**
creuse son terrier dans les berges
des rivières. Il adore le maïs
et fait des ravages dans les cultures.

La **loutre** est devenue rare car elle aime les rivières très propres.
C'est une excellente **nageuse**. Elle a les doigts palmés et son pelage huileux glisse dans l'eau. Elle mange des grenouilles et des poissons.

Le **castor** a une belle fourrure et une queue toute plate.
Il construit sa hutte avec des branches et de la terre. Pour la protéger, il fait des **barrages** sur la rivière. Il est capable de couper un arbre en le **rongeant** avec ses grosses dents de devant.

JANVIER
FÉVRIER
JUIN
MA
JUILLET
AOÛT
DÉCEMBRE
NOVEMBRE

Une année au

BORD DE L'EAU

D'un mois à l'autre, le bord de l'eau change. Amuse-toi à chercher :

- Un brochet
- Un têtard
- Un iris
- Un roseau
- Un héron
- Un ragondin

Et n'oublie pas de chercher aussi l'animal fétiche **!**

Le petit monde de la

FORÊT

La forêt est le royaume des grands arbres et des arbustes, des champignons et des fruits sauvages. Un grand nombre d'animaux vivent à l'abri de la forêt : les oiseaux se cachent dans les feuilles, les petites bêtes sur le sol, et les cerfs et les sangliers dans les taillis.

Promène-toi dans cette forêt et amuse-toi à chercher :

• Des fraises des bois
• Une fourmi
• Une amanite tue-mouches
• Un pic-vert

Et n'oublie pas de répondre à la devinette du garde forestier !

Je hulule
au crépuscule et
j'ouvre mes yeux d'or
quand tu t'endors.
Qui suis-je ?
Tu as deviné qui est l'animal fétiche du petit monde de la forêt ? Alors, amuse-toi à le retrouver dans toutes les pages de ce chapitre.

Les arbres de la forêt

**L'arbre est un être vivant. Il se nourrit, il respire et il grandit.
Au fil des saisons, il se transforme.
Ses feuilles tombent à l'automne et renaissent au printemps.**

L'arbre se nourrit

L'arbre respire par ses **feuilles** et se nourrit par ses **racines**. Celles-ci aspirent l'eau du sol et la transforment en sève.
La **sève** nourrit l'arbre tout entier.

L'arbre grandit

Quand le **froid** arrive, la circulation de la sève ralentit. Les **feuilles tombent**. Au **printemps**, la sève se remet à circuler. De **nouvelles feuilles** poussent, l'arbre grandit, son tronc s'épaissit.

Sur un arbre coupé, on peut lire son **âge** : **un cerne** correspond à **une année**. La partie la plus jeune est sous l'écorce.

Le **chêne**. C'est le roi de la forêt. Il peut vivre plus de 1000 ans ! Ses fruits, les glands, sont mangés par beaucoup d'animaux.

Le **hêtre**. Son écorce est lisse. Ses feuilles sont petites. Ses fruits s'appellent des faines.

Le **bouleau**. Son écorce est blanche et douce.

Le **charme**. Ses feuilles ont des nervures très régulières et de petites piques sur les bords.

Le **châtaignier**. Ses châtaignes sont protégées dans une bogue aux épines très piquantes. Elles sont bonnes à manger.

Les futaies, les taillis et les clairières

Toutes les forêts ne se ressemblent pas. Il y a des forêts avec beaucoup d'espèces d'arbres, et d'autres où tous les arbres sont de la même espèce. Dans certaines forêts, il est facile de se promener, dans d'autres, il est difficile de pénétrer, à cause des ronces et des taillis épais.

Une **chênaie** est une forêt composée de chênes.

Une **châtaigneraie** est composée de châtaigniers.

Une **sapinière** est composée de sapins.

Dans une **futaie**, les arbres sont plantés les uns à côté des autres pour être coupés.

Une **clairière** est un endroit dans la forêt où il n'y a pas d'arbres, juste de l'herbe.

Dans les taillis

Le **robinier**, ou faux acacia, a des épines. Au printemps, ses fleurs en grappes ont un parfum sucré.

Le **merisier** est le cousin sauvage du cerisier. Ses petites cerises sont très acides.

Le **sorbier**. Les oiseaux aiment particulièrement ses fruits orangés.

Les **ronces** envahissent rapidement les sous-bois : quand leurs tiges retombent sur le sol elles prennent racine.

Le **houx**. Ses feuilles sont brillantes et très piquantes. Il a de jolies baies rouges en hiver. Il ne faut pas les manger.

Les plantes qui s'accrochent aux arbres

Le **lierre** grimpe le long des troncs grâce à ses petits crampons.

Le **gui** se fixe sur les branches des arbres et se nourrit en suçant leur sève.

Les fleurs et les plantes des sous-bois

Les fleurs qui poussent dans les bois et les forêts, sous les arbres, aiment l'ombre et la fraîcheur. Si on les cueille, il faut faire attention de ne pas arracher leurs racines et leurs bulbes pour leur permettre de repousser.

La **jacinthe sauvage** a des clochettes bleues.

La **pervenche** a des fleurs mauves.

La **violette** est toute petite et sent très bon.

La **nivéole** ressemble à un perce-neige.

L'**anémone des bois** est blanche ou rose.

La **stellaire**. Ses pétales ressemblent à des étoiles.

Le **muguet** a des clochettes blanches qui sentent très bon.

L'**arum** a de grandes fleurs blanches.

Le **sceau-de-Salomon** a des petites fleurs en clochettes.

La mousse a besoin d'eau pour être bien verte.
Les feuilles mortes se transforment en humus.
Les fraises des bois sont toutes petites, mais très parfumées.
La fougère a de grandes feuilles très découpées.

Les champignons

Les champignons ne sont pas des plantes comme les autres. Ils ne sont pas verts et ils n'ont ni fleurs ni graines. Certains sont mortels, il ne faut jamais cueillir un champignon que l'on ne connaît pas !

Il est important de savoir reconnaître un champignon **jeune** ou **vieux**. Voici comment se développe la redoutable amanite phalloïde.

Les champignons mortels ou dangereux

Certains champignons sont **mortels** et d'autres peuvent rendre très malade : ils sont **vénéneux**.

L'**amanite phalloïde** est **mortelle.**

Le **cortinaire** est **mortel.**

Le **bolet de Satan** est **vénéneux.**

L'**amanite tue-mouches** est **vénéneuse.**

Les bons champignons

Le **cèpe**
a un gros pied.
Sous son chapeau,
de minuscules tubes
sont serrés les uns
contre les autres.

La **girolle**.
Son chapeau
est creux, plissé
en dessous.

Le **pied-de-mouton**
a un gros pied.
Sous son chapeau
jaune pâle,
il y a des petites
pointes.

La **trompette-de-la-mort**.
Malgré son nom,
elle est bonne
à manger.

Drôles de champignons

Beaucoup de champignons des bois ont des **formes curieuses**.
Ils sont intéressants à regarder mais ne sont **pas bons à manger**.

La **pezize orangée**
est creuse
comme un bol.

L'**hypholome en touffe**
ne pousse
jamais seul.

Le **clavaire chou-fleur**
ressemble
à un chou-fleur
jaune ou blanc.

Le **polypore versicolore**
n'a qu'un
chapeau
et pousse
sur les troncs
d'arbres.

Les petites bêtes des bois

Les insectes et toutes les petites bêtes sont très utiles à la vie de la forêt : certains aèrent le sol et le rendent plus fertile, d'autres transportent des graines et permettent aux plantes de pousser. Mais certains sont des parasites pour les plantes ou les animaux.

La **limace orange**. Elle ressemble à un escargot mais n'a pas de coquille. Comme lui, elle rampe et aime la pluie.

Le **lucane** est lourd mais il vole. Ses grosses mandibules ressemblent aux bois d'un cerf : on l'appelle aussi **cerf-volant**.

La **tique**. Elle se plante dans la peau des animaux ou des hommes, et leur suce le sang. Elle peut transmettre des maladies graves.

Le **phasme** ressemble à une brindille : il est bien camoufflé pour échapper aux oiseaux.

Les **fourmis** vivent regroupées dans une fourmilière. La **reine** est entourée d'ouvrières et de fourmis soldats.

Les **fourmis soldats** sont chargées de défendre la fourmilière. Elles sont plus grandes et elles ont de **grosses mandibules** sur la mâchoire.

La fourmilière est un gros tas de terre et et de brindilles. Elle comporte des galeries et une chambre pour la reine. Celle-ci est la seule à pondre des œufs
Les ouvrières la nourrissent, protègent les œufs, nourrissent les larves.

Les ouvrières sont des milliers, elles n'ont pas d'ailes. Elles transportent des graines qu'elles entreposent dans les greniers.
Certaines élèvent des pucerons : elles les protègent pour manger leur jus sucré, le miellat.

Les oiseaux de la forêt

Au début du printemps, lorsque les feuilles des arbres ne sont pas encore sorties, on peut voir les oiseaux voleter d'un arbre à l'autre, chanter au bout d'une branche, s'affairer pour construire leurs nids…

Le **geai**. Ses ailes sont bordées de très jolies plumes bleu turquoise.

Le **rossignol**. Il est brun et difficile à voir, mais on peut entendre son chant mélodieux le jour et la nuit.

Le **coucou**. Son nom vient de son cri : cou-cou ! Il pond ses gros œufs dans les nids des autres oiseaux… qui élèvent ses petits à sa place !

Le **pic épeiche** est un pic-vert… noir et blanc avec de belles plumes rouges.

Le **pic-vert**. Il fait un bruit très reconnaissable en creusant son nid dans les troncs des arbres.

Un nid pour les oisillons

C'est le **printemps**. L'oiseau construit son **nid**. Il va chercher des brindilles, des herbes et de la mousse.

Le nid est fini. La femelle y pond ses **œufs**. Ils se confondent avec le feuillage pour ne pas être vus par des mangeurs d'œufs.

La femelle reste de longs jours dans le nid posée sur ses œufs. Elle les **couve** en les gardant bien au chaud.

Les **oisillons** qui sont sortis de l'œuf sont **affamés**. Les parents vont et viennent pour leur apporter des **insectes**.

Les oisillons ont été bien nourris. Ils ont grandi et toutes leurs plumes ont poussé. Ils vont pouvoir s'entraîner à **voler**.

Leurs gestes sont encore maladroits mais leurs parents les encouragent. Au bout de quelques jours, ils peuvent **quitter le nid**.

La chouette et le hibou

**La chouette et le hibou sont des oiseaux de nuit.
Ils chassent les souris et les mulots : ils les attrapent avec leurs griffes et leur bec crochu. Ils ont une vue perçante.**

La chouette hulotte

La chouette **hulule**.
Son cri : ou-ouououh !

Ses yeux noirs et très perçants lui permettent de bien voir la nuit.

Ses oreilles sont invisibles, mais elle entend très bien.

Elle a un gros bec court et crochu.

Ses plumes se gonflent quand elle veut faire peur à ses ennemis.

Elle a quatre griffes très pointues : les serres.

La chouette rejette les poils et les os des petits animaux qu'elle a mangés. Cela forme une **pelote**.

Le **bébé chouette** quitte le nid à 4 mois.

La chouette est **plus petite** que le hibou.

Les compagnons de la nuit

Le **petit duc** est un **hibou** : il a les yeux jaunes. Son cri : kiou !

Le **moyen duc** a les yeux orange. Son cri : hou !

Le **grand duc** a les yeux rouges. Son cri : wouoh !

La **chouette effraie** est blanche, avec un masque en forme de cœur. Son cri : chrruh !

La **chouette chevêche** est toute petite. Elle a un air bougon et des yeux jaunes. Son cri : oui you !

Comment reconnaître une chouette et un hibou ?

Les **hiboux** ont deux petites touffes de plumes sur la tête qui ressemblent à des oreilles…

… les **chouettes** n'en ont pas.

Les mammifères des bois

Les animaux de la forêt se cachent. Il est difficile de les voir, car ils ne sortent qu'au petit matin ou à la tombée de la nuit.

Le cerf habite surtout dans les **forêts** où il y a de grands arbres. Le chevreuil est plus petit; il peut se faufiler dans les **taillis** et les **fourrés**.

Le **cerf** est grand et gros. Ses cornes s'appellent des **bois**.

Le **chevreuil** est beaucoup plus petit. Lui aussi a des **bois**.

La femelle du cerf est la **biche**. Elle n'a pas de cornes.

La femelle du chevreuil est la **chevrette**.

Les **faons** du cerf et du chevreuil sont tous les deux **tachetés** de blanc.

Les **bois** des cerfs et des chevreuils **tombent** à l'automne, et **repoussent plus grands** chaque année.

L'**écureuil**. Tout léger, il saute de branche en branche. Avant l'hiver, il cache des graines qu'il ne retrouve pas toujours.

Le **renard**. Il a une magnifique fourrure rousse et une queue épaisse dont le bout est toujours blanc.

Le **blaireau**. Avec ses fortes griffes, il creuse des terriers qui comportent des galeries, des chambres et de nombreuses sorties.

La **martre**. Considérée comme nuisible, elle est beaucoup chassée et menacée de disparition.

Le **sanglier** a des poils noirs et durs et des longues dents recourbées en défenses. Il mange des racines, des glands et des châtaignes. La femelle du sanglier s'appelle la **laie**. Les petits sont les **marcassins**. Ils ont un pelage rayé pour mieux se cacher dans l'ombre et la lumière des sous-bois.

JANVIER
FÉVRIER
JUIN
JUILLET
AOÛT
DÉCEMBRE
NOVEMBRE

Une année dans la
FORÊT

D'un mois à l'autre, la forêt change. Amuse-toi à chercher :

- Une violette
- Un écureuil
- Une fougère
- Un marcassin
- Une châtaigne
- Une branche de houx

Et n'oublie pas de chercher aussi l'animal fétiche !

Le petit monde des

BORDS DE MER

Au bord de la mer, il y a des plages de sable ou de galets, des falaises ou des rochers. Sur ces rivages vivent des plantes et des animaux bien particuliers : des poissons et des coquillages, et les oiseaux qui les mangent.

Promène-toi sur cette plage et amuse-toi à chercher :

- Une plume de mouette
- Une immortelle
- Une coquille Saint-Jacques
- Une pomme de pin

Et n'oublie pas de répondre à la devinette du pêcheur !

J'ai la peau dure et je marche de travers. Qui suis-je ?
Tu as deviné qui est l'animal fétiche du petit monde des bords de mer ? Alors, amuse-toi à le retrouver dans toutes les pages de ce chapitre.

Sur la plage

**Sur les plages, il y a du sable, des galets et souvent des rochers.
La mer monte et descend deux fois par jour. C'est la marée.
La plage est complètement différente à marée haute ou à marée basse.**

Le **sable** est fait de petits débris de rochers ou de coquillages.

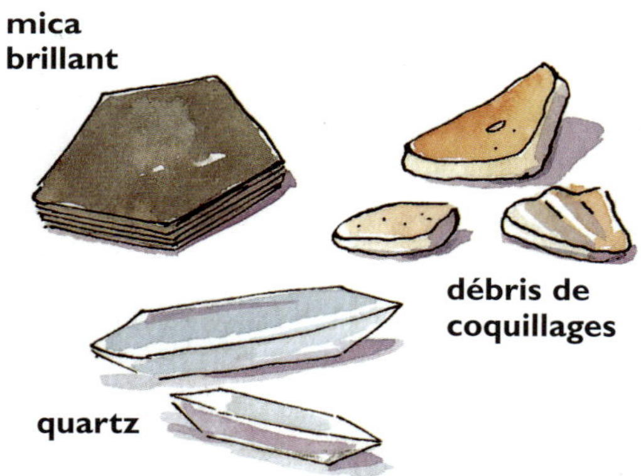

Les **galets**.
Roulés sans cesse par la mer, les galets sont des cailloux ronds.

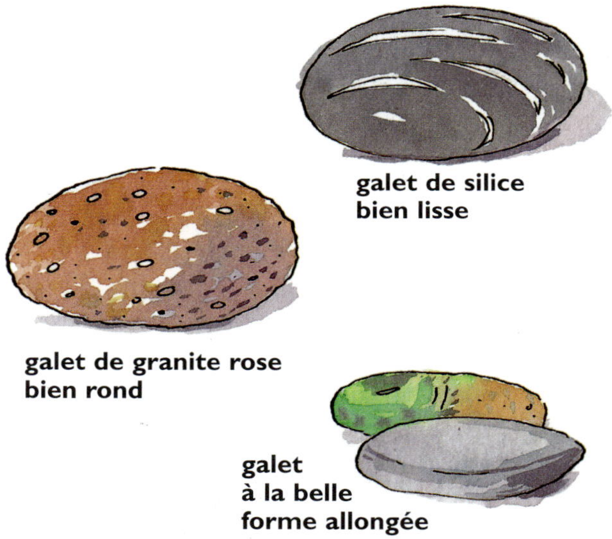

À **marée haute**, il n'y a presque plus de plage, la mer recouvre le sable.

À **marée basse**, la mer est loin, on peut ramasser des coquillages et pêcher dans les trous d'eau.

Survivre à marée basse

1. Les **rides** que l'on voit sur le sable ont été sculptées par la mer.
2. Les petits tortillons de sable sont faits par le **ver arénicole** qui s'enfouit dans le sable en attendant que l'eau remonte.

3. Les **coquillages** referment leur coquille en gardant assez d'eau à l'intérieur pour survivre jusqu'à la marée haute.
4. La **palourde** s'enfonce dans le sable. Elle respire grâce à deux petits tuyaux.

Des trésors et des déchets

La marée dépose sur la plage des **coquillages**, des **morceaux de bois** ou de **verre** usés par la mer, des **plumes**, des **algues**, des **os de seiches** mais, malheureusement, aussi beaucoup d'objets en plastique jetés sans faire attention.

Les coquillages et les algues

Dans les coquillages, il y a de petits animaux au corps mou qui ont besoin d'une protection : la coquille. À l'extérieur, la coquille est rugueuse, mais à l'intérieur, elle est douce et nacrée.

Il existe **deux sortes de coquillages** : ceux qui ont **une seule coquille**, comme le bigorneau, et ceux qui ont **deux coquilles**, comme la palourde.

Le **bigorneau** a une coquille en forme de spirale, comme l'escargot.

La **palourde** a deux coquilles qui s'ouvrent et se referment.

Les principaux coquillages de la plage

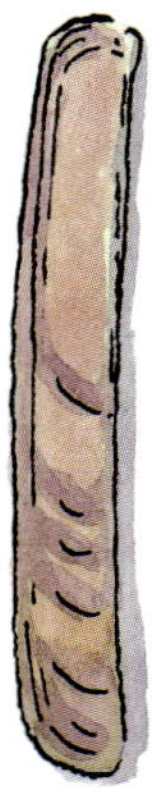

Le **couteau**

La **coque**

La **coquille Saint-Jacques**

Le **pétoncle**

La coque peut se déplacer dans le sable.
Son pied qui sort de sa coquille lui permet d'avancer.

Les algues

Il y a des algues de toutes sortes,
vertes comme de la salade,
longues comme des lanières
ou **fines** comme des cheveux.
Elles s'agrippent aux rochers de la plage
avec des crampons, pour ne pas être
emportées par les vagues.

1. La **laitue de mer** est verte et transparente. On peut la manger.

2. Le **fucus** a de petites poches d'air pour flotter, elles éclatent si on les presse.

3. La **laminaire** est une algue brune en très longs rubans.

4. La **laminaire sucrée** se couvre d'une poudre blanche en séchant.

Dans les rochers

Quand la mer se retire, elle laisse des petites mares dans les creux des rochers. On y trouve des crevettes et, parfois, des étoiles de mer ou des bernard-l'ermite.

L'**huître**

La **moule**

La **patelle**

La **balane**

Beaucoup de **coquillages** vivent accrochés aux rochers de la plage.

Ils sont **solidement fixés** et les vagues ne peuvent pas les décrocher.

On élève les moules
sur des poteaux de bois : les **bouchots**.

On élève les huîtres dans des cages,
dans des **parcs à huîtres**.

Avec ses cinq bras puissants l'**étoile de mer** arrive à ouvrir
les coquillages pour les manger.

L'**anémone de mer** ressemble à une fleur, mais c'est un animal. Elle attrape les petits
poissons avec ses **tentacules** légèrement collants et venimeux.

Le **bernard-l'ermite** a le ventre mou. Pour se protéger, il se glisse
dans un coquillage abandonné. Quand il grandit, il choisit une autre coquille à sa taille.

Le crabe

Le crabe vit dans la mer. Il a une carapace épaisse et dure, deux grosses pinces et quatre paires de pattes avec lesquelles il marche « en crabe », c'est-à-dire de côté.

Le tourteau ou dormeur

Le **tourteau** est un gros crabe rouge foncé.
On l'appelle aussi « dormeur ».

Avec ses **yeux** en périscope,
il peut voir en restant caché.

S'il perd une **patte**, elle **repousse**.

Il mange des **cadavres**
de poissons et de coquillages.

Lorsqu'on l'attaque, il se dresse sur ses pattes et menace de ses **pinces** ouvertes.

Pour fuir, il disparaît **en s'enfonçant** à reculons **dans le sable**.

Les autres crabes

L'**étrille** est un petit crabe poilu, aux **yeux rouges**.

L'**araignée de mer**. Ses pattes sont longues et sa carapace **épineuse**.

Une nouvelle carapace

Au fur et à mesure qu'il grandit, le crabe **change de carapace**. La carapace devenue trop petite se fend et en laisse apparaître une plus grande en dessous. Cette nouvelle carapace est toute **molle**. Le crabe doit se cacher de ses **ennemis** en attendant qu'elle durcisse.

Les homards et les crevettes

Homards, langoustes et crevettes ont une carapace mobile. Ils peuvent nager très vite en repliant et en détendant leur queue.

Le **homard** est bleu. Il a des pinces énormes.

La **crevette grise**.

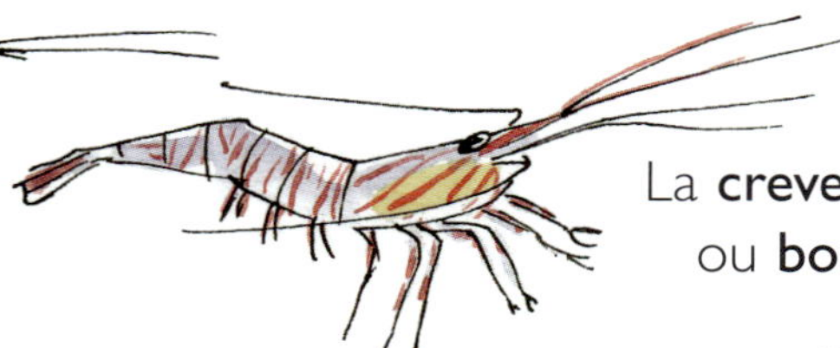

La **crevette rose** ou **bouquet**.

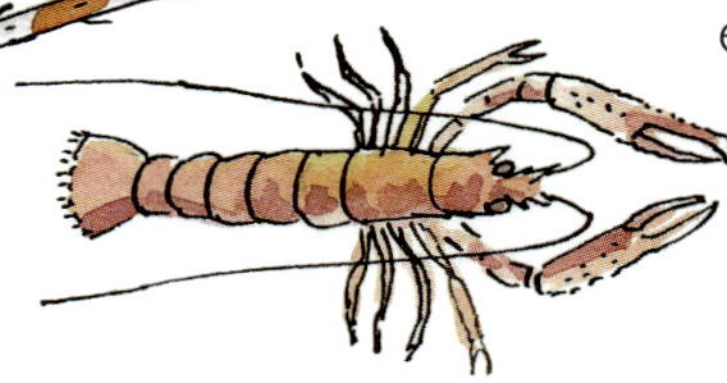

La **langoustine** est une petite langouste à longues pinces.

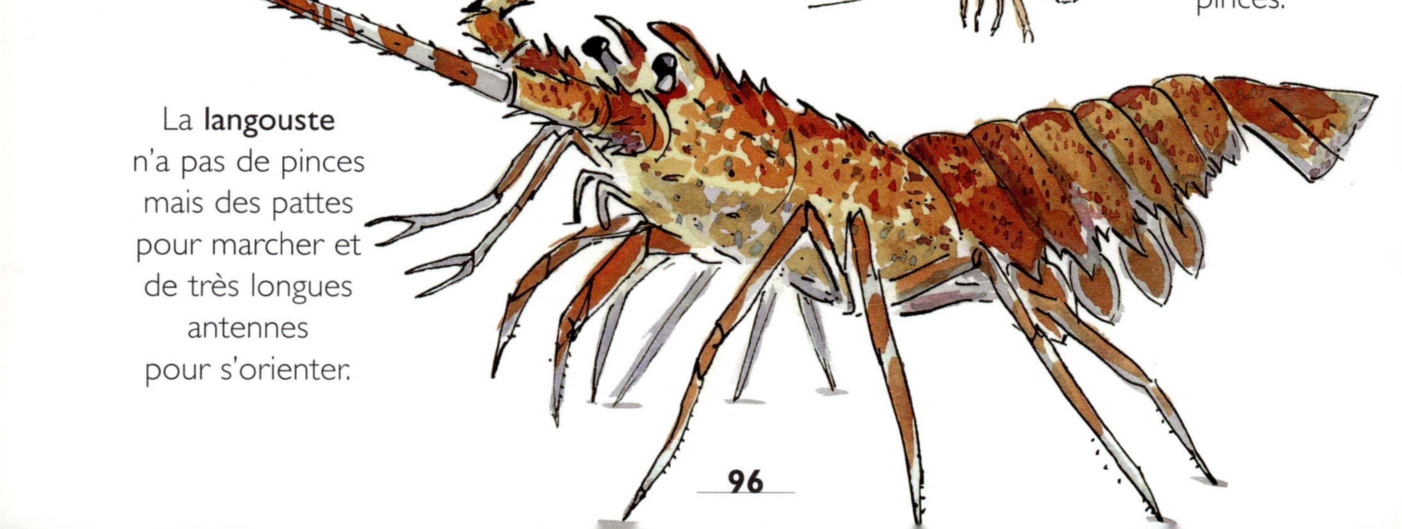

La **langouste** n'a pas de pinces mais des pattes pour marcher et de très longues antennes pour s'orienter.

Les pieuvres, les seiches et les calmars

**La seiche, le calmar et la pieuvre n'ont pas de carapace.
Ils nagent en recrachant de l'eau. Ils ont des tentacules reliés à la tête.**

La **pieuvre** a huit longs bras bordés de deux rangées de ventouses pour attraper ses proies. Elle les tue en les piquant avec sa langue.

La **seiche** change de couleur selon l'endroit où elle se trouve.
Lorsqu'elle est menacée, elle projette un jet d'encre. Elle a un gros os blanc à l'intérieur.

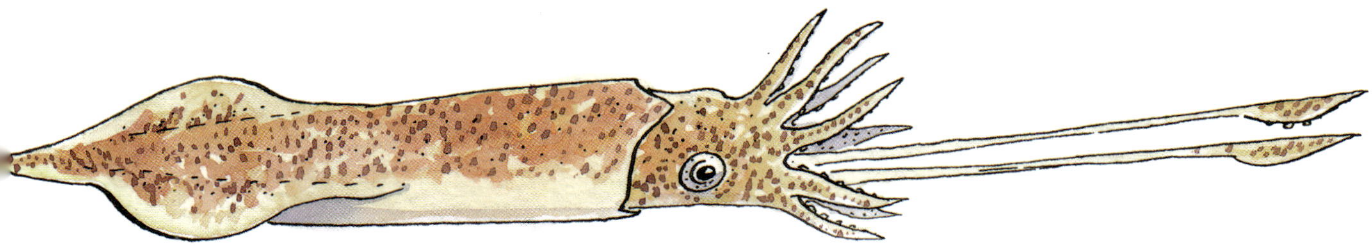

Le **calmar** nage vite, à reculons. Il a huit bras et deux longs tentacules, tous avec des ventouses. Il chasse les poissons et les crustacés. Certains calmars sont gigantesques.

Les poissons de mer

Pour échapper à leurs ennemis, les poissons prennent les couleurs du sable, des rochers ou celles des reflets du soleil dans l'eau. Certains vivent en bancs de milliers de poissons, d'autres sont plus solitaires.

La **sardine** est petite. Elle est bleue sur le dos et argentée sur le ventre.

Le **rouget** a des barbillons sous le menton.

Le **maquereau** a des rayures sur le dos.

Le **hareng** est bleu-vert, et son ventre est argenté.

La **sole** est toute plate. Elle a les deux yeux du même côté de la tête. Elle se pose au fond de la mer.

Le **thon**. Avec son corps en forme de torpille, il nage très vite.

Le **congre** est très long et très vorace. Il vit dans les rochers.

La **raie** a de grandes nageoires toutes plates, collées à la tête.

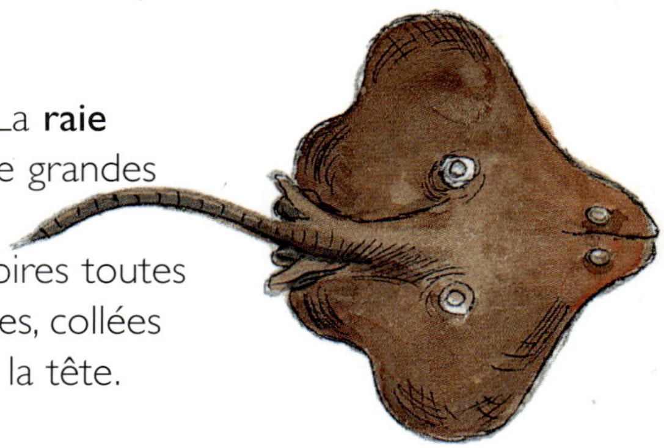

L'hippocampe : un drôle de poisson !

L'**hippocampe** n'est pas un poisson comme les autres : il nage debout, s'accroche aux algues avec sa queue, et, surtout, c'est le mâle qui donne naissance aux petits !

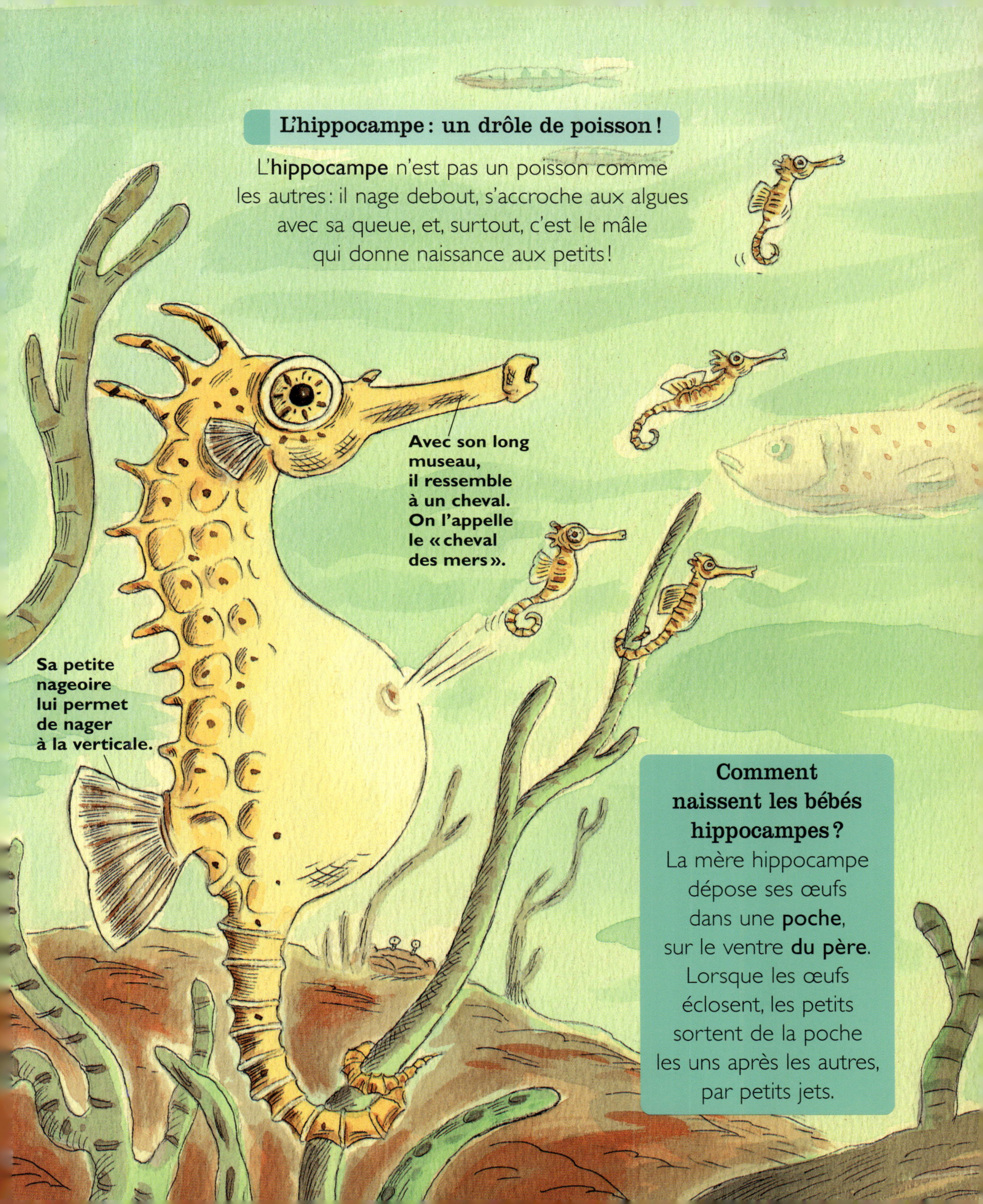

Comment naissent les bébés hippocampes ?

La mère hippocampe dépose ses œufs dans une **poche**, sur le ventre **du père**. Lorsque les œufs éclosent, les petits sortent de la poche les uns après les autres, par petits jets.

Les oiseaux de mer

Ils planent au-dessus des vagues, plongent pour attraper un poisson. Leurs cris se mêlent au bruit de la mer. Beaucoup d'entre eux sont blancs, sauf le cormoran qui est noir.

La **mouette rieuse**.
Ses cris ressemblent
à des éclats de rire.

Le **goéland**.
Il a un gros bec
et de grandes ailes.

La **sterne** ressemble
à la mouette.
Mais elle a une petite calotte
noire sur la tête.

Le **macareux.** On dirait
un petit pingouin avec
des yeux de clown.

Le **fou de Bassan**.
Pour pêcher, il se laisse
tomber dans l'eau
comme une pierre,
et attrape le poisson
en remontant
à la surface.

Le cormoran

Il est **grand** et noir,
il **vole**,
il **plonge**,
il **nage**.

Quand il vole,
le **cormoran**
ressemble
à une oie
sauvage.

Les **plumes**
de sa **queue**
sont longues.
Elles le soutiennent
dans l'air.

Le cormoran peut nager longtemps, grâce à ses **pattes palmées**, sans remonter à la surface.

Lorsqu'il revient de la pêche, le cormoran **doit sécher ses plumes** car elles ne sont pas très imperméables.

Quand il vole,
les **plumes**
de ses ailes
s'étalent **en éventail**.
Il se dirige en les écartant
ou en les resserrant.

Sur les dunes

Derrière les plages, il y a souvent des dunes de sable. Quelques plantes arrivent à y pousser : elles doivent supporter l'air salé et le vent.

Les plantes qui poussent sur les dunes retiennent le sable avec leurs **racines**. Sans ces plantes, le sable serait emporté par le **vent**.

L'**œillet des sables** est rose foncé et sent très bon.

La **queue-de-lièvre** est toute douce. Elle ondule au vent.

Le **panicaut** est un chardon très piquant aux fleurs et aux feuilles bleues.

L'**oyat** pousse en touffes. Il retient bien le sable grâce à ses longues racines.

Une forêt
de pins
est une
pinède.

Le **pin martime**
reste toujours **vert**.
Sa **résine** sent
très bon.

La pomme de pin
est le **fruit** du pin.
Ses graines sont
cachées entre
les **écailles**.
Par temps sec,
les écailles s'ouvrent
et les graines
s'envolent.

JANVIER
FÉVRIER
JUIN
MA
JUILLET
AOÛT
DÉCEMBRE
NOVEMBRE

Une année
au
BORD DE LA MER

D'un mois à l'autre, le bord de la mer change. Amuse-toi à chercher :

- Un os de seiche
- Une mouette
- Une branche de pin
- Un œillet des sables
- Un bigorneau
- Un galet

Et n'oublie pas de chercher aussi l'animal fétiche !

Le petit monde de la

MONTAGNE

Sur les pentes de la montagne, le soleil brille plus fort et le froid est plus vif que dans la plaine. En hiver tout est couvert de neige. Les plantes et les animaux qui vivent sur les sommets doivent pouvoir supporter le froid, le vent, et les longs hivers.

Promène-toi dans la montagne et amuse-toi à chercher :

- Une cloche de vache
- Un chalet
- Un edelweiss
- Une plume d'aigle

Et n'oublie pas de répondre à la devinette du guide de montagne !

L'été, je siffle dans les prés, l'hiver, je ronfle sous la terre. Qui suis-je ?
Tu as deviné qui est l'animal fétiche du petit monde de la montagne ? Alors, amuse toi à le retrouver dans toutes les pages de ce chapitre.

Dans les pâturages

Dans les riches pâturages de montagne sont élevées les vaches. Les vaches de montagne sont plus petites et plus résistantes que les autres. Elles donnent un très bon lait avec lequel on fait du fromage.

La **salers** est rouge marron. Elle a de grandes cornes. C'est la vache de l'Auvergne.

En montagne les vaches se déplacent librement. Elles ont une grosse **cloche** autour du cou. Chaque troupeau a un son de cloche particulier.

L'**aubrac** est grise. C'est l'autre vache de l'Auvergne.

L'**abondance** a des taches blanches. C'est la vache des Alpes.

La **montbéliarde** a de grandes taches blanches. C'est la vache du Jura.

Le lait et le fromage

Le lait de la salers sert à fabriquer le cantal et le saint-nectaire, celui de l'abondance, le beaufort et le reblochon, celui de la montbéliarde, le gruyère et le comté.

Dans les montagnes où l'herbe est rare, on élève des **moutons**.
La **brebis** est la femelle, le **bélier** est le mâle : il a des cornes recourbées.
L'**agneau** est le petit.

La tonte

Le mouton est couvert d'une **toison** épaisse, douce et chaude. Au printemps, on le tond pour utiliser sa **laine**.

Le chien de berger

Pour **garder** son troupeau de moutons, le berger est accompagné d'un **chien** très efficace. Il guide le troupeau, surveille les animaux et va chercher les moutons perdus.

Les fleurs et les buissons

Les plantes qui poussent en montagne ne sont pas très nombreuses. Elles vivent dans des conditions difficiles : elles doivent résister au froid et à la neige. Il ne faut pas les cueillir.

L'**edelweiss** est couvert d'un duvet qui le protège du froid.

La **gentiane bleue** est d'un bleu-violet éclatant.

La **gentiane jaune** a des fleurs couleur d'or.

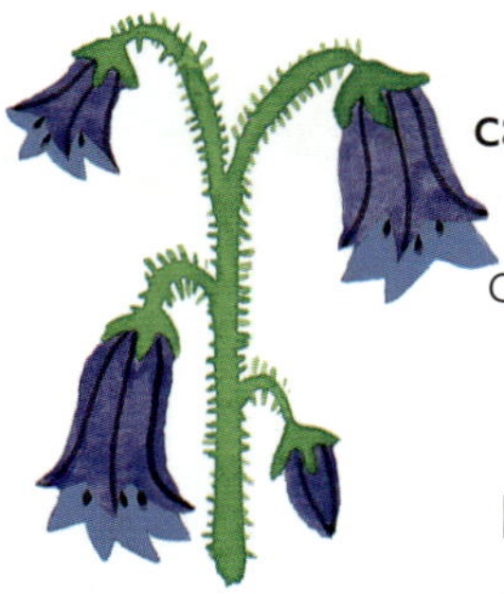

La **campanule**. Ses clochettes bleues sont hérissées de petits poils.

Le **bleuet de montagne** est différent de son cousin de la campagne (page 32).

La **carline**. Ses pétales argentés se referment quand il va pleuvoir.

Le **lis martagon** a des pétales retroussés et couverts de taches rouges.

L'**oreille-d'ours** est une primevère aux feuilles épaisses.

L'**arnica** a de jolies fleurs jaunes. Elle sert à faire les médicaments contre les bosses.

En haute montagne, il **gèle** même **en été**. Les arbustes ont des tiges très courtes et des feuilles très petites pour se protéger du froid.

Arbustes et plantes de montagne

L'**airelle**. Ses petites baies rouges sont rafraîchissantes.

Le **genêt** a des fleurs jaunes au printemps.

Le **genévrier** a des feuilles en épines et des baies violettes.

La **bruyère** a de toutes petites fleurs violettes en forme de grelots.

Le **rhododendron** a de grosses fleurs rouges ou roses.

La **myrtille** ressemble à l'airelle, mais ses fruits sont bleu-noir et plus sucrés.

Les torrents et les cascades

Les nuages qui s'accrochent aux sommets des montagnes laissent tomber de la neige ou de la pluie. Cette eau s'infiltre dans la terre et réapparaît plus bas, sous la forme de sources d'où naissent les ruisseaux et les torrents.

Un **glacier** est de la **neige tassée** transformée en glace. Il avance très lentement, comme un énorme fleuve gelé.

Au sommet des hautes montagnes, il fait si froid que la neige ne fond jamais. Ce sont les **neiges éternelles**.

Une **cascade** est un torrent qui tombe d'une grande hauteur.

L'hiver, les poissons ont-ils froid ?
L'hiver, lorsque les torrents sont gelés, les poissons ne gèlent pas. Il fait moins froid sous la glace qu'au-dessus.

L'**eau de pluie** s'infiltre dans la terre et donne naissance à la **source**.

Quand la neige **fond**, les rivières et les torrents de montagne **grossissent** beaucoup.

Les habitants des torrents

La **truite** aime les eaux pures des torrents de montagne.

Le **vairon** est un petit poisson qui vit en bandes dans les ruisseaux clairs.

Le **chabot** aime nager dans les torrents.

L'**omble chevalier** vit dans les lacs de montagne.

Les arbres de la montagne

Au fur et à mesure que l'on monte sur la montagne, les plantes et les arbres changent, car il fait de plus en plus froid. En bas, il y a des bois de chênes et de hêtres, puis des forêts de sapins, puis plus rien.

Les arbres de bas en haut

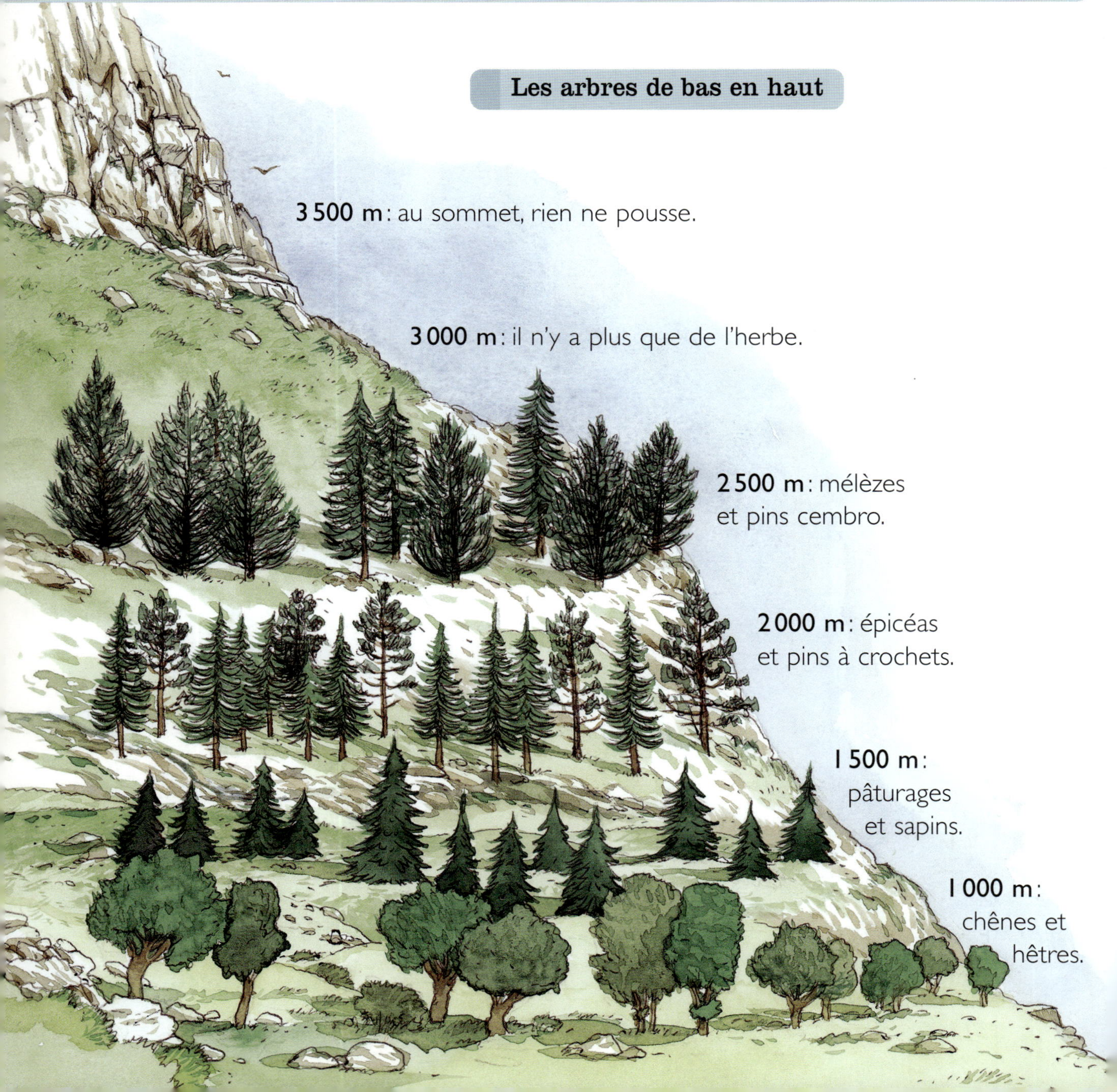

Le **sapin**.
Ses cônes poussent
au-dessus de la branche.

L'**épicéa**. C'est notre sapin
de Noël. Ses cônes pendent
sous la branche.

Le **pin à crochets**.
Ses aiguilles sont
longues et souples.

Le **pin cembro**.
Ses aiguilles sont toujours
groupées par cinq.

Le **mélèze**. Ses aiguilles
sont réunies en touffes.
Elles tombent en hiver.

Les feuillus
(le chêne, le hêtre).
Ils ont des feuilles larges.
Elles tombent en hiver et
repoussent au printemps.

Les conifères
Leurs feuilles sont des
aiguilles. Elles ne tombent
pas en hiver (sauf celles
du mélèze). Leurs fruits
sont des cônes
(les pommes de pin).

Les oiseaux de la montagne

Ces oiseaux aiment se cacher dans les forêts de sapins, planer au-dessus des vallées ou nicher dans les rochers, en haut des montagnes.

Le **bec-croisé des sapins**. Grâce à son bec qui se croise comme une pince, il peut sortir les graines des cônes de sapin.

Le **grand tétras** ou **coq de bruyère**. Il se nourrit de baies et de bourgeons. Il vit dans les forêts, loin des hommes.

Le **lagopède**. Son nom veut dire « pied de lièvre ». Il change de couleur en hiver et ses pattes se couvrent de plumes, pour ne pas s'enfoncer dans la neige.

Les rapaces

Ils ont des **becs crochus**, de grandes **griffes** et leurs yeux peuvent voir de très loin un petit animal. Ils peuvent aussi voler très vite pour fondre sur leur proie.

L'**épervier** a une longue queue.
Il chasse les petits oiseaux.

Le **faucon**. Son nom vient de ses ailes en forme de faux.

La **buse** plane en tournant pour repérer les petits rongeurs et les serpents.

Le **milan** a une queue fourchue. Il peut planer longtemps sans battre des ailes.

L'**aigle royal** fait son nid, chaque année au même endroit dans les rochers, avec des branches.

Le **vautour fauve** n'a pas de plumes sur la tête. Il se nourrit de bêtes mortes.

Les animaux des sommets

Les animaux qui vivent en haut des montagnes doivent se protéger du froid. Ils ont un pelage épais. Ils doivent aussi pouvoir escalader les pentes les plus raides ou se rendre invisibles dans la neige.

Le **bouquetin** est une chèvre sauvage. Le mâle a de longues **cornes recourbées**.
Chaque année, elles ont un anneau de plus.
Il est souple sur ses **sabots** et peut escalader des pentes très escarpées.

Comme les béliers, les bouquetins se battent en fonçant tête baissée l'un vers l'autre.

Le **chamois**
a de petites cornes
en forme de crochets.

Le **mouflon**.
Ses cornes s'enroulent
de chaque côté de sa tête.

Le **lynx**, au regard perçant,
a presque disparu
de nos forêts de montagne.

Le **lièvre variable**
change de couleur en hiver :
il devient tout blanc
pour être **invisible**
dans la neige.

L'**hermine**.
Brune en été,
elle devient
blanche en hiver.
Le bout de sa queue
reste noir.

L'**ours** a besoin
de calme et de grands espaces.
Il est devenu très rare en Europe.

La marmotte

La marmotte est la cousine de l'écureuil. Comme lui, elle se tient debout sur ses pattes arrière. Elle aime les prairies ensoleillées et creuse des terriers où elle s'endort pendant tout l'hiver.

Une vie de marmotte

En **été**, les marmottes mangent beaucoup pour **grossir avant l'hiver** : fleurs, baies, racines, sauterelles…

Elles font la **sieste** au soleil pendant que les petits font des **galipettes**. Il y a toujours une marmotte qui surveille le paysage.

Quand l'**aigle royal** arrive, la marmotte guetteuse siffle pour avertir du danger.

Les marmottes courent vers les **terriers** où elles plongent grâce à des **toboggans**.

À l'**automne**, les marmottes rentrent de l'**herbe sèche** dans leur terrier d'hiver.

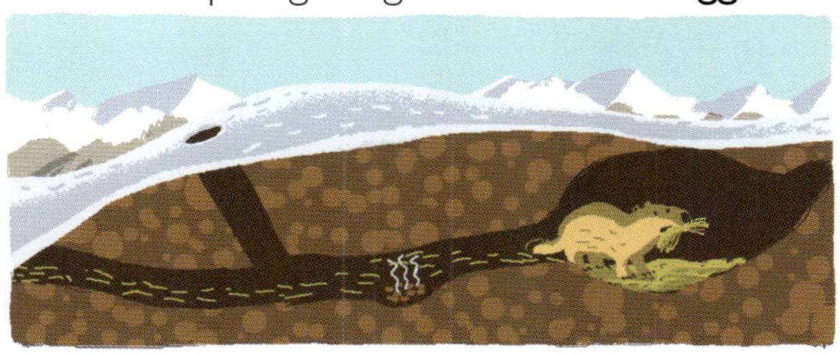

Le terrier d'hiver n'a qu'**une seule galerie** et une grande **chambre** remplie de foin.

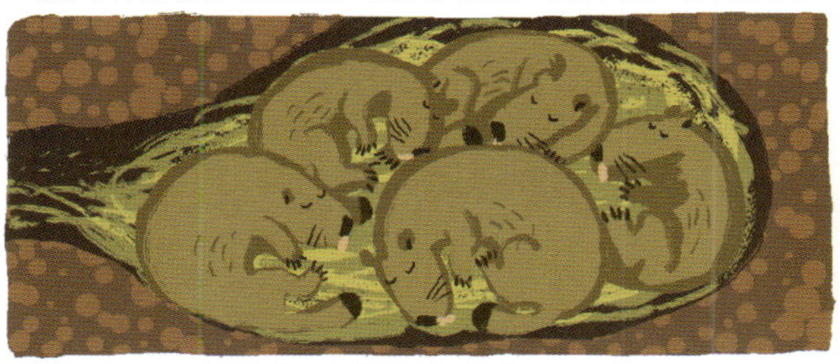

Quand le **froid** arrive, les marmottes bouchent l'entrée du terrier et **s'endorment** les unes contre les autres.

En **mai,** elles **se réveillent**. Elles ont beaucoup **maigri**. Heureusement, les prairies regorgent à nouveau de fleurs savoureuses !

Les paysages de montagne

Les montagnes se sont formées au début de l'histoire de la Terre, il y a des millions d'années. Les plus vieilles sont usées : leurs sommets sont arrondis. Les plus récentes sont pointues et souvent couvertes de neige.

Le **Massif central** ou les **Vosges** sont des **montagnes vieilles** : leurs sommets sont arrondis.

Les **Alpes** ou les **Pyrénées** sont des **montagnes jeunes** : leurs sommets sont pointus.

Quelle est donc cette roche ?

Beaucoup de sortes de roches différentes composent les montagnes. Elles se sont formées dans la chaleur des éruptions volcaniques et par l'usure de l'eau.

Le **granite** est formée de plusieurs roches.

Le **graphite** est gris noir : il sert à fabriquer des mines de crayons.

L'**ardoise** est gris foncé ; on s'en sert pour faire les toits.

Le **basalte** est de la lave de volcan solidifiée.

Le **marbre** est rayé et très dur.

Les **grottes** et les **gouffres** sont creusés par l'eau qui s'infiltre dans les roches calcaires de la montagne et les détruit peu à peu.

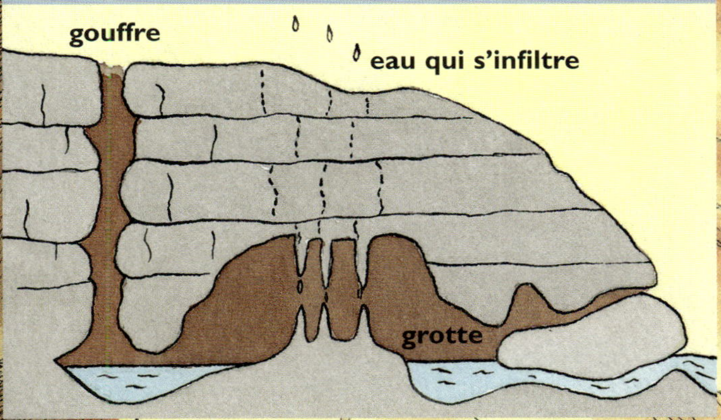

Les colonnes qui **tombent** du plafond de la grotte s'appellent des **stalactites**.

Les colonnes qui **montent** du sol s'appellent des **stalagmites**.

JANVIER
FÉVRIER
JUIN
MA
JUILLET
AOÛT
DÉCEMBRE
NOVEMBRE

Une année à la MONTAGNE

D'un mois à l'autre, la montagne change. Amuse-toi à chercher :

- Une hermine
- Un chamois
- Un roitelet
- Un mouton
- Des myrtilles
- Un lièvre variable

Et n'oublie pas de chercher aussi l'animal fétiche !

Le petit monde du

SUD

Le Sud c'est le pays du soleil. Sous le climat chaud et sec du Sud, les plantes ne ressemblent pas à celles qui poussent plus au Nord. On rencontre aussi des animaux différents. Tous craignent le froid mais savent très bien se protéger de la sécheresse.

Promène-toi dans ce paysage du Sud et amuse-toi à chercher :

- Une figue
- Une chèvre
- Une cigale
- Une tortue

Et n'oublie pas de répondre à la devinette du berger !

Sur le mur au soleil, j'abandonne ma queue à qui m'attrape. Qui suis-je ?
Tu as deviné qui est l'animal fétiche du petit monde du Sud ? Alors, amuse-toi à le retrouver dans toutes les pages de ce chapitre.

Les plantes du soleil

Dans les régions très ensoleillées du Sud, les plantes doivent résister à la longue sécheresse de l'été. Il y a des plantes grasses, des arbustes avec des épines et toutes sortes de fleurs.

Les arbres et les arbustes sont toujours verts.
Leurs **feuilles ne tombent pas** à l'automne.
Elles sont souvent **dures** et **brillantes**, ainsi elle ne se déssèchent pas.

Des plantes grasses

Leurs **feuilles épaisses** contiennent de l'**eau** pour vivre longtemps, même s'il ne pleut pas.

Le **figuier de Barbarie**.
Ses rameaux ressemblent à des raquettes couvertes d'épines.
Ses fruits sont bons à manger.

La **joubarbe**.
Ses feuilles ressemblent à de petits artichauts.

L'**agave**.
Il ne fleurit qu'une seule fois.
Ses feuilles sont piquantes.

Des arbustes

Le **myrte**.
Ses feuilles et ses fleurs blanches sentent très bon.

L'**arbousier**. On l'appelle l'« arbre aux fraises » car ses fruits, les arbouses, ressemblent à des fraises.

Le **ciste** a des fleurs roses ou blanches, fines comme du papier de soie.

DANS LE SUD

Les arbres du soleil

Sous le grand soleil du Midi, les arbres donnent de l'ombre. Ils sentent aussi très bon.

Le **cyprès**. Haut et pointu, il ne fait pas beaucoup d'ombre mais il protége du vent.

Le **pin parasol** est large et fait une belle ombre. Ses cônes donnent des graines que l'on mange: les pignons.

L'**eucalyptus**. Ses feuilles sont longues et vert bleuté. Elles sentent bon.

Le **figuier** a de belles feuilles découpées. Ses figues se mangent fraîches ou séchées.

Les chênes du Midi

Leurs **feuilles** et leur **écorce** les protègent de la sécheresse.

Le **chêne vert** garde ses feuilles en hiver.

Le **chêne-liège**. Son écorce sert à faire les bouchons.

Les fleurs et les fruits

Dans les pays du soleil, les plantes sentent bon, les fleurs ont des couleurs éclatantes, les légumes et les fruits ont beaucoup de goût.

Le **mimosa** est un arbre qui fleurit en hiver. Ses fleurs ressemblent à de minuscules pompons jaunes. Elles **sentent très bon**.

Le **laurier-rose** fleurit pendant tout l'été. Il peut être blanc, rouge ou rose.

Le **laurier-sauce** a des feuilles dures que l'on utilise pour **parfumer** les plats.

La chair de la **pastèque** est rouge.

Le **melon** est très sucré.

Le **piment** est très **piquant**.

Le **poivron** est rouge, jaune ou vert.

L'**aubergine** est violette.

L'**amandier** donne des **amandes.**

Le **citronnier** donne des **citrons.**

L'**abricotier** donne des **abricots.**

Le **palmier** a de très grandes feuilles : les **palmes**. Le palmier-dattier donne des **dattes**.

Le **grenadier**. Son fruit, la **grenade**, contient des graines rouges et acidulées.

L'**oranger**. Les **oranges** mûrissent en hiver.

La vigne et l'olivier

Depuis toujours, dans les pays du Sud, on cultive la vigne et l'olivier : ils poussent bien au soleil. La vigne donne du raisin : on en fait du vin. Les oliviers donnent des olives : on en fait de l'huile.

La **vigne** pousse en longues **rangées** bien droites.
Elle est soigneusement **taillée** pour obtenir de bonnes grappes de raisin.

Le **raisin** pousse en grosses **grappes** sur les pieds de vigne.

La **vigne** est un arbuste grimpant : le **cep** est le tronc, les **sarments** sont les branches. La vigne s'accroche à des fils avec ses **vrilles.**

Il existe du raisin **noir** et du raisin **blanc**.

Certains raisins sont cultivés pour faire du **vin**, d'autres pour les **manger**.

Les olives sont les fruits de l'olivier. Elles deviennent noires quand elles sont mûres.

La lavande a de petites fleurs bleues en épi qui sentent très bon.

Les oliviers peuvent vivre très longtemps. Ils ont de jolies feuilles argentées qui ne tombent pas en hiver.

Avec les fleurs de lavande, on fabrique du parfum.

Les animaux domestiques et sauvages

Sous le climat chaud et sec du Midi, on élève des animaux robustes qui ne mangent pas beaucoup et se contentent de quelques plantes sèches. Avec le lait des chèvres, on fabrique du fromage.

La **chèvre** mange les feuilles des arbustes. Les épines ne lui font pas peur.

Le **chevreau** est le petit de la chèvre et du bouc. On l'appelle aussi **cabri**, car il fait des cabrioles.

Le **bouc** est le mâle de la chèvre. Ses cornes sont torsadées. Il sent très mauvais.

Les **ânes** sont plus petits que les chevaux, mais ils sont très robustes. Parfois l'**âne** est encore utilisé pour transporter de lourdes charges.

En Camargue, une région d'étangs et de marais
dans le Midi de la France,
on élève des **chevaux** et des **taureaux**.
Ils vivent en liberté sur de grands espaces.

Les petites bêtes du Sud

La cigale est l'insecte du Midi, on l'entend chanter toute la journée. Mais attention, la chaleur et la sécheresse attire les animaux venimeux !

La **cigale**. Elle vit 2 à 4 ans dans la terre sous forme de larve et seulement quelques mois sous forme de cigale. C'est le mâle qui chante, en faisant vibrer ses ailes, pour attirer les femelles.

Couleuvre ou vipère ?

La **couleuvre** vit dans des **lieux humides**. Elle n'est pas dangereuse.

La **vipère** vit dans des **lieux secs**. Sa morsure peut être mortelle.

La **mouche** peut courir au plafond ou même y dormir, car elle a des poils adhésifs au bout de ses pattes. Elle pond une centaine d'œufs qui se transforment en **asticots** le lendemain, puis en mouches.

Le **taon** est une grosse mouche. La **femelle** pique et peut transmettre des maladies.

La **mante religieuse**. Comme elle est verte, elle se cache parfaitement dans la végétation. La **femelle** est plus grande que le mâle. Parfois, elle le mange.

La **tortue**. Elle avance très lentement mais elle vit très longtemps. Elle est souvent victime des **feux de forêts**, très fréquents dans le Midi.

Le **petit scorpion noir**. Comme le scorpion du désert, il a deux pinces et un **aiguillon venimeux**, mais sa piqûre n'est pas mortelle.

DANS LE SUD

Le lézard

Le lézard aime le soleil. En été, il se prélasse sur les murs. Il passe l'hiver à l'abri dans un trou. Le lézard est un reptile. Il rampe en s'aidant de ses pattes. Il mange des insectes.

Comme tous les **reptiles** le lézard a le **sang froid**. Il a besoin de rester au soleil pour se réchauffer.

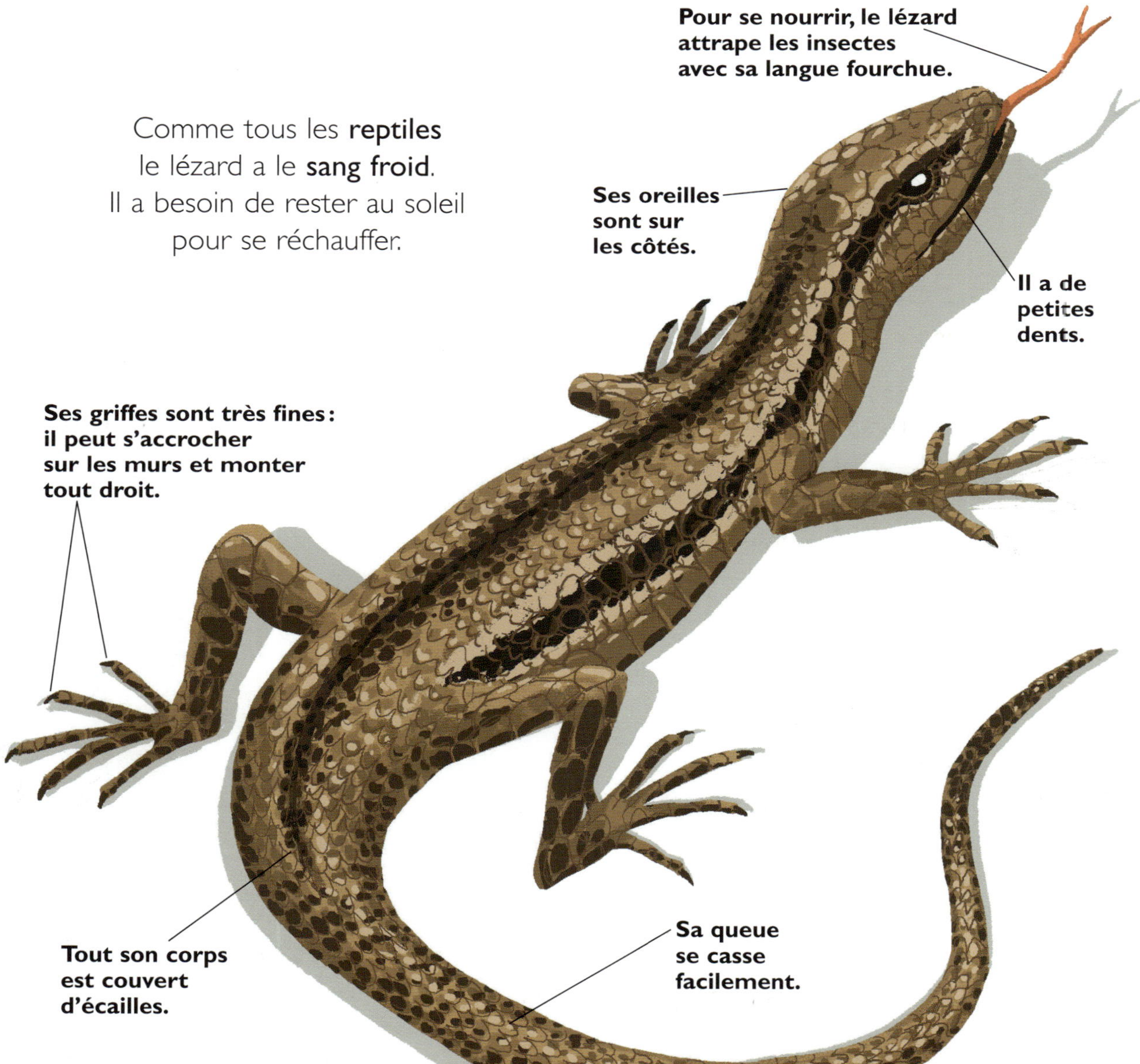

Attention à sa queue !

Lorsque le lézard a très **peur**, il serre ses **muscles**, sa **queue se casse** et il peut fuir…

Mais la queue ne **repousse qu'une fois** ! Il vaut mieux le laisser lézarder au soleil sans le déranger.

Les bébés lézards

Dès qu'ils sortent de l'œuf, les petits lézards savent déjà **attraper** des **insectes**.

Le lézard vert

Il est deux fois plus **gros** que le lézard gris. S'il mord, il faut lui **chatouiller le ventre** pour qu'il lâche prise !

Un lézard sans pattes

C'est l'**orvet** ou **serpent de verre**. Comme celle du lézard, sa queue se casse.

Des ventouses

Le **gecko** est un lézard aux gros yeux globuleux. Grâce à ses ventouses sous les pattes, il peut marcher la **tête en bas**.

Au bord de la Méditerranée

La Méditerranée est bordée de petites criques dans les rochers rouges : les calanques. L'eau de la mer est bleue et transparente. On y voit nager des petits poissons colorés. D'autres se cachent sous les rochers.

La **rascasse** est couverte d'épines venimeuses qui la protègent. Elle se cache dans les algues et les rochers.

La **murène** ressemble à l'anguille. Elle est longue et se cache dans les trous. Sa morsure est dangereuse.

Le **mérou**. Il peut être très gros. Les plongeurs sous-marins aiment jouer avec lui.

L'**oursin** s'accroche sur les rochers avec ses bras. Ses **piquants** bleus le protègent : il ne faut pas y toucher car cela peut faire très mal.

L'**étoile de mer**.
Elle a 5 bras avec de minuscules pieds qui lui permettent de se déplacer.
Si un bras se casse, il **repousse**.

La **méduse** est transparente.
Elle flotte dans les vagues.
Ses **filaments** sont empoisonnés : leurs piqûres font très mal et durent longtemps.

Le **concombre de mer** est un gros ver de la même famille que l'étoile de mer .

JANVIER
FÉVRIER
JUIN
MA
JUILLET
AOÛT
DÉCEMBRE
NOVEMBRE

Une année dans

LE SUD

D'un mois à l'autre, le paysage du Sud change. Amuse-toi à chercher :

- Un cyprès
- Un pin parasol
- Une vipère
- Un abricot
- Un citron
- Une orange

Et n'oublie pas de chercher aussi l'animal fétiche **!**

Planche n° 1

Les fleurs

la pâquerette

la marguerite

le coquelicot

le bleuet

le liseron

le colchique

le pissenlit

la violette

la pervenche

le muguet

l'arum

l'edelweiss

l'anémone

la gentiane

Planche n° 2

Les légumes

Planche n° 3

Les herbes aromatiques

le persil

le thym

le laurier

l'estragon

le basilic

la menthe

le romarin

le fenouil

la ciboulette

Planche n° 4

Les petits fruits

la groseille

la groseille à maquereau

la fraise

la fraise des bois

la framboise

la myrtille

la mûre (ronce)

l'arbouse

l'airelle

Planche n° 5

Les fruits

et les arbres fruitiers

*la pomme
et le pommier*

*la cerise
et le cerisier*

*la prune
et le prunier*

*la pêche
et le pêcher*

*la poire
et le poirier*

*l'abricot
et l'abricotier*

*l'orange
et l'oranger*

*le citron
et le citronnier*

*l'amande
et l'amandier*

*la noix
et le noyer*

*la noisette
et le noisetier*

*l'olive
et l'olivier*

*la figue
et le figuier*

Planche n° 6

Les arbres

Planche n° 7

Les animaux de la ferme

Planche n° 8

Les mammifères sauvages

la chauve-souris

le lièvre

le lapin

le campagnol

la musaraigne

le hérisson

la taupe

l'écureuil

le blaireau

l'hermine

la belette

le chamois

le bouquetin

le cerf

le chevreuil

le mouflon

le sanglier

la laie

les marcassins

le renard

la biche

la marmotte

le castor

le loup

l'ours

Planche n° 9

Les oiseaux

Planche n° 10

Les insectes

Planche n° 11

Les reptiles et les batraciens

Planche n° 12

Les poissons

Les poissons de rivière

Les poissons de mer

Planche n° 13

Les crustacés et les mollusques

Planche n° 14

De quelles formes ?

Feuilles

Nids

Pattes

Ailes

Queues

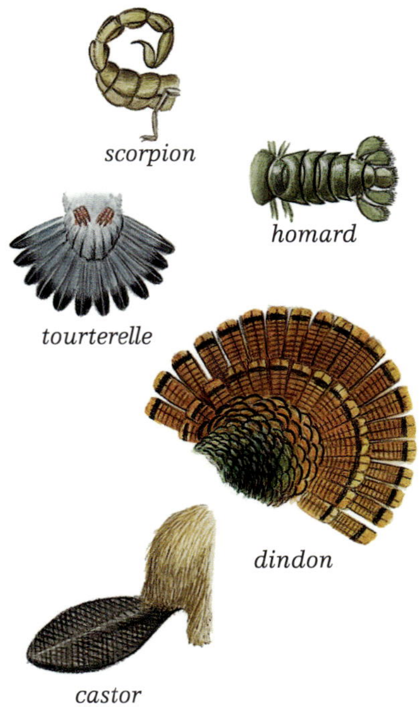

Becs

INDEX

Où se cache l'animal fétiche ?

Voici des indices qui t'aident à le retrouver:

Pages 6/7 : *le rateau.* 8/9 : *le ginkgo.* 10/11 : *le pois de senteur.* 12/13 : *l'églantier.* 14/15 : *la citrouille.* 16/17 : *le framboisier.* 18/19 : *l'araignée des jardins.* 22/23 : *l'arrosoir.* 24/25 : *juillet.* 26/27 : *le porche.* 28/29 : *la ronce.* 30/31 : *l'entrée du terrier.* 32/33 : *le coucou.* 34/35 : *la ruche.* 38/39 : *le bec de la pie.* 40/41 : *l'avoine.* 42/42 : *le cochon.* 44/45 : *mai.* 46/47 : *le nénuphar.* 48/49 : *la lentille d'eau.* 50/51 : *le nénuphar.* 54/55 : *les alevins.* 56/57 : *le goujon.* 58/59 : *le canard.* 60/61 : *le bec de la cigogne.* 62/63 : *la loutre.* 64/65 : *mars.* 66/67 : *un arbre.* 68/69 : *l'arbre page 68.* 70/71 : *la futaie.* 72/73 : *en haut de la page 73.* 74/75 : *le polypore.* 76/77 : *la fourmillière.* 78/79 : *le pic épeiche.* 83/83 : *la martre.* 84/85 : *août.* 86/87 : le *rocher dans la mer.* 88/89 : la bouteille verte. 90/91 : *un fucus.* 92/93 : *la grotte.* 96/97 : *le pieuvre.* 98/99 : *l'hippocampe.* 100/11 : *le rocher du cormoran.* 102/103 : *la pinède.* 104/105 : *juin.* 106/107 : *les deux sapins.* 108/109 : *l'agneau noir.* 110/111 : *le tronc du sapin.* 112/113 : *dans l'herbe, à mi-hauteur de la cascade.* 114/115 : *le pin à crochets.* 116/117 : *l'aigle royal.* 118/119 : *à droite des bouquetins.* 122/123 : *derrière le rocher des montagnes jeunes.* 124/125 : *juin.* 126/127 : *le muret.* 128/129 : *l'agave.* 130/131 : *le figuier.* 132/133 : *le palmier.* 134/135 : *le sarment.* 136/137 : *l'âne.* 139/139 : *la couleuvre.* 142/143 : *le rocher.* 144/145 : *octobre.*

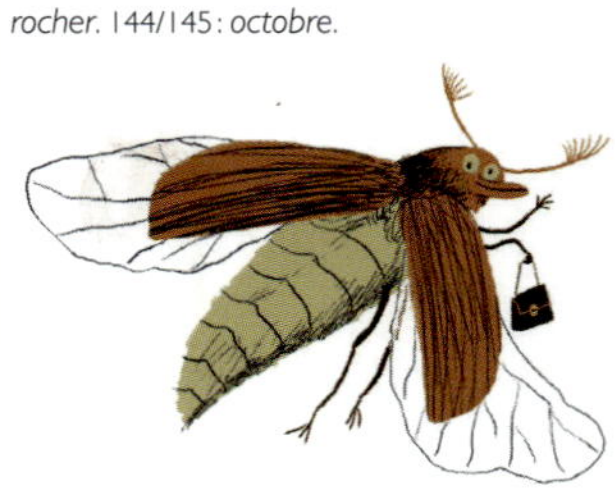